澳洲打工度假，
送給自己勇氣的一年

—— Lewis & Vivi 著

太雅

JACOB'S CREEK

PREFACE
作者序

Lewis
&
Vivi

為什麼要去澳洲打工度假呢？或許大多數人是去賺錢，也有少部分人是去學英文、藉由在澳洲打工打開看世界的窗口、想要出國念書，所以先去打工試看看、想轉換環境來釋放生活或是工作的壓力、想在澳洲打工這段時間尋找自我以及人生的目標等等，有這麼多種的理由及原因，但是在抵達澳洲之後，我們是否還記得當初去澳洲的初衷呢？

在我小的時候，一直很希望自己能夠出國念書，並且把這件事情當作自己的人生夢想之一。到了上大學之後，我才慢慢的發現，念書其實不是一件很好玩的事情，但是出國念書這個念頭還是被我埋在心底。在我的人生經歷了畢業、當兵、退伍、工作之後，我還是記得我想出國念書這回事。直到有一天我發現其實自己並沒有很想出國念書，嚮往的只是國外的生活。為什麼呢？因為外國人看起來都是那麼的有自信，生活是那麼的悠閒，街道是那麼的乾淨，最重要的是外國人賺的錢比臺灣人多，而且是多很多。或許我的想法並不是十分的正確，但是「我想好好體驗國外的生活」這個簡單的想法，就是讓我決定出國的動力。

出國，對於現在的台灣人來說，不是一件很困難的事情，但是我想要的是可以有幾個月，甚至是一年的時間來好好體驗國外的生活，所以我的選擇不多，在我捨棄念書這個選項的情況下，剩下的似乎只有工作這個選擇了。會選擇到澳洲則是因為這裡沒有名額以及申請時間的限制，也擔心自己過了一陣子之後，就忘記了這股「我一定要去」的衝動，所以我很快就辦理了簽證，並且向公司提出了辭職，展開了我的澳洲冒險之旅。

不管做任何事情,有了確實的目標之後,就會讓自己的動力燃燒得更久,所以我也為這趟冒險之旅訂了幾個目標:一定要去 Gold Coast 衝浪、一定要去 Sydney 跨年、一定要去看 F1 賽車、一定要去雪山滑雪、一定要去世界的中心呼喊愛、一定要去 Tasmania 環島。讓我印象最深刻的是當我在農場工作,體力快撐不下去的時候,我就會對自己說:「加油,再撐幾天,就可以去 Sydney 跨年了。」雖然我知道這幾天是好幾十天,但是體內還是會冒出一股股的力量,讓我在最辛苦的時候,不至於落荒而逃。

我看過在澳洲賺了一百多萬的人,也看過跟家裡借了四十萬的人,並不是每個人都帶了第一桶金回來,但是我相信每個人都帶了他自己難忘的故事回來。常聽人說:「這一代的年輕人,少了一股拚氣。」或許是因為父母的保護,讓我們有了無憂無慮的生活,習慣於舒適圈的享受,但是當我們靜下心來好好的想一想自己的過去,有什麼是讓我們值得自豪的呢?有人說男人最深的回憶莫過於當兵,但當兵也可能是人生最苦的一段時間,為什麼還會讓我們念念不忘並津津樂道呢?因為我們自豪在那麼苦的狀況下,竟然還能撐過去,所以才會一而再、再而三的和別人分享吧!我想打工度假也是如此,有歡笑、也有淚水,有人撐不下去,半年、三個月、甚至是三天就回來了。但是不管怎樣,我相信這段逃離舒適圈的冒險故事,一定是最難忘的。

不管你想去打工度假的動力是什麼?在遇到挫折或是一帆風順的時候,記得要好好的想一想,讓我們在低谷的時候,可以繼續堅持下去,也讓我們在順利的時候,不會迷失前進的方向,也祝福各位都有自己難忘的冒險故事。

Lewis

我們這一代，年輕的拓荒史 —— Vivi

最初知道打工度假這類的訊息，是在高中的布告欄上吧！那時我望著海報，心裡想說「好酷喔！邊度假邊打工，還可以環遊國外，這不就是我想要的嗎？」這念頭放在心裡過了好幾年，陸陸續續聽到身邊有朋友去美國打工度假的消息，但是美國只開放學生身分，而且時間只有短短幾個月，身上又半無分文，我便漸漸地把目標從美國移往資訊最多、最適合背包客的澳洲，開始在網路上爬文收集各種資訊，時間晃眼一過，我竟已打包好行李，獨自一人坐著夜晚的飛機，心情忐忑不安地飛往澳洲。好幾個小時過去，當飛機窗外的曙光乍現，我看見澳洲綠色的廣大領土赫然出現在眼前，低矮的丘陵起伏著，蜿蜒的河川正閃爍著金色光輝，鄰座西方面孔的阿伯阿姨早已睡得東倒西歪，只有我一人內心正興奮地尖叫著，我不知道這一年內會發生什麼事，會出現什麼變化，但我知道，我的旅程就要展開了，而這趟旅程，當我七十歲還是八十歲時，都還能向人侃侃而談，隨便一小段澳洲插曲，就能讓聽眾捧腹大笑或是印象深刻。

在澳洲的時候，陸續傳出臺灣媒體播報澳洲打工度假的消息，吵得沸沸揚揚，一年多過去了，像從夢境中醒來回到臺灣，當我提起剛從澳洲回來，大家第一句話不是問說「澳洲好玩嗎？」「哇！去澳洲一年耶！好酷喔！」，而是「是喔！你賺了多少錢？」「你做了什麼工作？」頓時這一年的美妙與熱忱瞬間被澆熄了。

當然，打工賺錢是其中一個目的，但每個人出發前往的理由都不盡相同，在旅程中所經歷的境遇、所獲得的酸甜與喜悅，也往往不是一般工作中所能體會得到的。在澳洲時，也常遇到其他國家的背包客，他們的年紀多半是二十出頭，跟臺灣人大部分集中

在二十七至三十歲很不相同，我們可能忍不住問說，這麼年輕、大學都還沒念完就跑出來好嗎？但他們可能也沒想那麼多、腦袋沒那麼複雜，口袋也不見得深，照樣活得好好的，年輕代表著未知、也代表未來有更多的東西值得探索，一年兩年的暫時出走，對他們而言理所當然不過。

常會有人問說，什麼？你自己一個人去？有沒有搞錯啊！現在想想，我也不知道當時是什麼勇氣，讓我存了一筆錢、辭掉工作，在完全不找代辦的情況下，自己辦理好簽證、機票和許多雜七雜八的事情，塞了一個超厚的行李箱，自己就搭機飛往澳洲了，但當我開始徬徨時，我便會想起三百多年前，我的那個不知第幾代的曾曾……曾祖父的身影，望著人稱黑水溝的台灣海峽，在完全沒有 GPS 和飛機郵輪的情況下，只帶著大家「傳說中」對台灣的綺麗幻想，背上簡單的行囊，跳上簡陋的船隻，駛向險惡未知的大海，前往人人傳說中的福爾摩沙。

三百年後，不管你是帶著冒險的心、賺錢的心、還是尋找幸福的心前往澳洲，在出發前往一個陌生的環境時，心中一定會擔心與惶恐，但當我們去接觸、去認識時，才發現那裡的人們沒有跟我們差異太大，澳洲有澳洲的優點，臺灣有臺灣的美好，但一樣有窮人、有富人，人們一樣會開心、會苦惱、會寂寞。相信回國後，當你再看著臺灣新聞時，那電視裡的世界不再那麼陌生，因為地球的另一端有你關心的對象，有你知道的美好風景，那是靠著我們的勇氣、靠著我們的汗水所得到的回憶與智慧，出走時需要出走的勇氣，回來有回來的思考與規畫，願我們的經驗，讓讀者發現更多的現實與可能。早年的臺灣有留學潮，當今則靠著打工潮，譜出我們這一代看似荒唐卻美好的年輕拓荒史，當你經歷過後，回來面對人生可能有不同的答案，起碼你已知道，世界這麼大，而你已有足夠的勇氣，去面對與改變。

澳 洲 卡 漫 時 間

澳洲卡漫時間
澳洲的速食店讓他們都變質了⋯⋯
Comic ∕ Vivi

澳洲卡漫時間
為什麼台灣背包客都要取英文名字？
Comic ／ Vivi

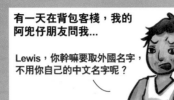

澳洲卡漫時間
台式英文行不行?
Comic／Vivi

沒錢了嗎？教你最簡單的回臺方式
Comic ／ Vivi

無尾熊真的是一種抱起來
十分可愛的動物

但聽說沒抱好把無尾熊摔
到地上會馬上被遣送回臺

戲劇效果，請勿模仿！

00

Gap Year in Australia
出發，
和新鮮感相遇

打工度假不是人生萬靈丹，但有時你非得把自己丟在一個新地方，讓種種未知的可能，打亂一陳不變的節奏、思考，才能摘掉自以為是的面具，遇見一個新的自己⋯⋯

Overture

Overture
冒險開始，
與海關＋米格魯的無差別格鬥技

Scene 1

對於剛到澳洲的背包客來說，除了滿滿的新鮮感，應該還有更多的不安和緊張感吧，到底哪些事情是我們應該要先知道和了解的呢？

搭機到了 Gold Coast 後，就要準備正式進入澳洲了。在做功課的時候看到有人提到澳洲對於違禁品查很嚴，而且我有帶了一些維他命和感冒藥，雖然查了資料後覺得應該沒有什麼問題，但還是有一種不確定的緊張感。一下飛機拿到行李之後，就趕緊把維他命和感冒藥從託運背包裡面拿出來，跟著大家在緝毒犬的監視下，忐忑地排著隊。輪到我的時候，我把藥品拿出來，想給海關人員檢查，沒想到他根本就沒有仔細看，只瞄了一下，然後問我有沒有帶泡麵或是肉類的東西，我回答沒有後，他就說可以過去了，我不確定自己有沒有聽對，還問海關人員我需要打開背包把裡面的物品都拿出來嗎？他就回答：「That's all right, you can pass.」

想像中會有甘道夫跳出來說：「You can not pass !」的畫面根本沒出現。雖然有種「原來這麼簡單呀，那當初我幹嘛要做那麼多的準備啊！」的感覺，但也因著這種放鬆的心態，讓我在接下來搭車到 Backpacker 的時候損失了 16 塊澳幣。

看到這張圖片，
表示終於來到澳洲囉！

? 遇到海關，坦白從寬   ***Know How***

如果不是常常出國的人，通常不會知道哪些東西是不能帶進海關的，就會有誤帶違禁品的狀況發生。所以有帶食物的話，最好都拿出來給海關人員檢查，有時候他們也會通融；但是被海關抓到攜帶違禁品的話，可能就是沒收或罰款了，反而得不償失。以下分享實際案例給大家。

? 只有一種情況，肉燥麵可以入境……   ——案主：Ruth

出發前媽媽擔心我不適應當地飲食，所以塞了一些統一肉燥麵到我的行李中。結果，海關小姐告訴我這些泡麵不可以入境，我問：「為什麼？」海關小姐說因為調味包裡有肉燥，於是我開玩笑問：「那裡面的泡麵可以入境吧？」結果，她居然說可以。接著她把每包泡麵打開，將調味包抽出後，把剩下的泡麵還給我……雖然我有點高興至少把泡麵救回來了，但整個過程讓我不知道該說什麼才好。

除了入境的時候有食品管制之外，在進入西澳 (WA) 和塔斯馬尼亞 (TAS) 的時候也是會檢查的。邊境有檢疫站，任何新鮮水果、種子類以及蜂蜜等，都被嚴格禁止從其他州攜帶進入西澳。我們就曾在不知情的狀況下，被沒收了一包剛買的紅豆。雖然通行的時候檢查人員恭喜我們今天多了一個半小時可以用 (南澳和西澳分屬不同的時區)，但我還是為那包被沒收的紅豆感到心痛。

通常車有多大，行李就有多少，檢查人員能從裡面找出一包紅豆也是很厲害的！

？ 《ㄡˇ ㄑㄧˇ 紅到澳洲去 —— 案主：Angela

我知道入境澳洲的時候不能帶肉類的食物，所以就沒有帶泡麵了，但是我不知道澳洲的中藥材好不好買，就帶了一包枸杞，想說這應該沒問題吧！在通關的時候，我乖乖的把枸杞拿出來給檢查人員看一下，沒想到他就問我這是什麼。天呀！我知道這是枸杞，但是它沒有跟我說它的英文名字呀！正當我手忙腳亂的要開始尋找翻譯機的時候，海關人員竟然跟我說沒關係，說中文也可以，我就跟他說這是「《ㄡˇ ㄑㄧˇ」，沒想到他真的聽得懂！什麼時候枸杞紅到澳洲去了我都不知道，結果海關人員說我帶的量太多了，這次放我一馬，要我下次不要帶這麼多，我當然連聲道「Yes」的帶著行李趕快出關了。

Shuttle Bus 和公車，票價大不同 💬

　　出海關之後，第一件事情就是要找交通工具到 Backpacker，雖然我已經做好功課，知道要坐哪班公車，但在看到遊客資訊中心 (Information) 時，還是忍不住想再確認一次，所以我就走過去用憋腳的英文向服務人員詢問。不過可能是我的火星英文和美麗服務人員的金星英文腔調不太一樣，所以我們溝通得不是很好，於是我就使用了單字詢問大法，說了「Bus」，然後指著 Backpacker 地址說「to here」。服務人員就像開竅了一樣，馬上就懂了，可見單字詢問大法是多麼的實用呀！接著她跟我收了 21 元的車票，告訴我要在哪裡等車。雖然這個票價比我事前查到的公車票價貴了兩倍以上，但是我安慰自己——這應該是物價上漲的問題；而且用英文順利溝通的成就感沖昏了我，於是沒想太多就去找搭車的地方了。

　　到了等車的地方，只看到一台巴士在那邊等著，上面只寫著「Shuttle Bus」，但沒有寫是幾號公車，於是我拿出車票詢問司機，他確認了我要去的地方後，就叫我上車了。

在澳洲住的第一間 Backpacker，外表看去就
跟民宅一樣，所以一開始還在外面研究了很
久才進去

住了一個星期之後，和老闆也熟了起來

　　兩分鐘後，車子就在只有我一位乘客的狀況下發車了。不過好
景不長，過了 15 秒後，我就看到了在我計畫書上那只要 5 塊多
的 702 號公車站牌——原來我根本就坐錯車了！我多花了將近 16
塊澳幣搭 Shuttle Bus，卻只省了 5 分鐘的走路路程。可見問題
真的要問清楚呀！而且事先做好規畫再按計畫去執行的話，真的
可以省下不少錢；問人的話或許也可以解決問題，但不一定是最
省錢的辦法，所以一定要多做功課唷！

? Shuttle Bus 送到家，但費用較高　　　　　　*Know How*

通常機場都會有接駁巴士 (Shuttle Bus)，和普通公車不一樣的是，
Shuttle Bus 會直接送你到住宿的門口，很適合行李較多的人，非常
的輕鬆方便，但是通常費用會比較貴一點，做功課的時候記得好好
比較一下。

Overture
菜鳥都要搞定的民生大事

抵達 Backpacker 把行李安頓好後，就趕快去找通訊行買預付卡、請好心的店員幫忙開通門號；再到麥當勞吃全世界都一樣的麥克雞、用免費的無線網路申請稅號；到銀行開戶，然後一週後再回來領提款卡。因為要領提款卡的關係，所以建議在第一個住宿的地方至少待一個星期；若是急著找工作的人，也可以等找到工作、確定住宿之後再辦銀行卡，或到指定的銀行分行領取。

> **(?) 圖書館是好夥(ㄨㄤˇ)伴(ㄅㄚ)**   ***Know How***
>
> 大部分的圖書館都有免費的網路可以使用，如果發現要帳號密碼的話，只要跟櫃台索取就好了。

　　解決了該辦的手續之後，就該採買食物啦！剛來澳洲也不知道要去哪裡買東西才便宜，看到一間很大的超市「Woolworths」就進去啦！在澳洲有兩間最大、最常見的連鎖超市是「Coles」和「Woolworths」，販賣的物品種類比較多、品牌也比較知名，和家樂福差不多。另外「ALDI」和「IGA」也很常見，ALDI 像是臺灣的全聯，有比較多小品牌但很便宜的商品，不過這家超市只出現於東岸。IGA 則是當地的小型加盟超市，商品的種類比較沒那麼多，但是該有的還是都有。

打工客小劇場
Open It
Comic／Vivi

drawing

有位英文不好的朋友，跑去手機門市開通預付卡

Please open it!

Sure!

1

打開

掏出預付卡

2

……

3

Please open it!

I've already opened.

我要開通預付卡..

4

怎麼會這樣....

難道是我少說了那個關鍵字嗎？

這樣應該還沒開通吧……

難道...難道是……

5

open the CARRRRRRRRd

其實是用activate才對.. 6

這位先生，英文課不在這裡啊 💬

第一次進去國外超市的感覺還滿新鮮的，比起臺灣好像乾淨了、整齊了一點；最不習慣的是——看到的全都是英文字！雖然好像是廢話，但是第一眼看到架上滿滿的英文貨品時，那一瞬間真有種頭昏腦漲的感覺。一開始的時候我還很好奇的拿出翻譯機來，一項一項的查詢物品，看看這些東西的中文到底是什麼。現在想起來，我覺得自己真是一個很有耐心的人，竟然花了 30 分鐘以上的時間在查詢單字！其實應該直接看自己需要買哪些東西就好了。我那時花 30 分鐘查詢的單字，後來大概只有記住 10 個吧！所以一開始並不需要特別一一查詢單字，只要先看需要哪些東西，把這些東西的單字記起來就好了。而且常用物品的單字並不難也不多，大概去超市採買個兩、三次就會記住那些單字了。

(?) 逛超市一定要看懂的三個關鍵字　　　*Know How*

看完剛剛的錯誤示範文章後，有三個單字是你一定要看懂的……
在買東西時，請記得注意標示 Special、Reduced 和 Home Brand 的商品。

Special：特價品，就像臺灣的超市每一個檔期都會有促銷一樣，有時會比原價便宜很多，也有可能出現半價以下的狀況，但有時只會便宜 10 ¢ 左右，所以不要看到特價就買，而是要先留意便宜多少。

Reduced：是一些瑕疵或快過期的產品，但有時看起來還是很新鮮好用，價格也會便宜許多。

Home Brand：超市的自有品牌，雖然口感差了一點，但是價格非常便宜。

所以多買有這些標示的商品，會讓荷包省很多唷！

有時候住得比較偏僻，每次去超市都要大採購。

買一個希望！

Overture
亞洲青年必修 (理) 的西方背包客文化

Scene 3

澳 洲對於背包客而言，是個相當友善方便的國家，城市或鄉間總是不難找到 YHA 或是 Backpacker。YHA 品質上較為整齊乾淨，但價格較高，如果身上盤纏不多、對住宿品質不嫌棄時，Backpacker 是個可以優先選擇的對象。

YHA 和 Backpacker 通常會提供紅茶、咖啡，某些時段還會有早餐、晚餐、電影之夜等等不同的活動，可以先在網站上瀏覽資訊與評價。但對背包客最為有趣的，莫過於在這些地方結交朋友了！

有時大家看著電視，或在同張桌子吃飯時，就會聊起天來，話題從平常瑣事到光怪陸離的旅行經驗，都是背包客們談論的話題。有時在客棧裡和陌生人促膝長談幾小時，反而像認識了一位交往幾十年的摯友那樣可貴。也可能因此得到工作、找到旅伴、甚至是結為情侶。當然，也有可能遇到會打呼、有體臭、會偷東西、騙錢的背包客或室友；防人之心不可無，但住過各種不同的背包客棧，結識各國的朋友，也是個難能可貴的體驗。

有人說能夠一次同舟共為乘客，是許多輩子所形成的緣分；那麼，能有一次同為室友的經驗，想必也是緣分不淺吧！

盤點常見背包客款型 💬

住過許多背包客棧後，就會發現來自不同國家的背包客，雖然形形色色都有，但以下幾個是常見的類型：

① 家有食神型

不論是道地的義大利麵、美味的日本大阪燒、壽司，還是全程手工製作的奶酪、提拉米蘇、蛋糕等等，只要在廚房待久了，總是會有人大展身手，幫忙填飽遊人們的五臟廟。澳洲買外食不像在臺灣便宜方便，因此在客棧的廚房淬鍊一番後，往往可以學到多國的祖傳祕方。

② 澳洲是我家後院型

有一種背包客，待在客棧裡的時間可能都比員工還久，哪家超市便宜、附近有什麼餐廳、市區有什麼好玩的地方，他可能比任何人都了解，熱心一點的還會揪團來趟城市巡禮，讓人從異鄉的遊子變成城市通！

③ 吟遊詩人型

如果背包客棧裡少了一把烏克麗麗或吉他，好像就少了點流浪的詩情畫意，常常看到有人在彈樂器，不管目的是為了耍酷還是自娛娛人，背包客棧內永遠少不了這種吟遊詩人。

④ 疑似金樓小開型

對同樣身為背包客的我們而言，外出打拼找工作當然是件重要的事，偏偏總有人坐在沙發上，看電視、打屁聊天、在廚房尋找食物等等，問他有沒有在工作，總是聳聳肩說還沒找到；當自己在網路上投履歷忙得焦頭爛額、為五斗米折腰時，他卻在一旁悠哉地看報紙，一點壓力也沒有。這種人的身分永遠是個謎，打扮看起來不像有錢人，卻也從不為錢煩惱。

⑤ 天南地北聊不完型

初到國外往往會擔心自己語言不好而不敢跟人講話，但其實和背包客棧的陌生人聊天是家常便飯之事，旅途上總會遇到各式各樣的人，認識意想不到的朋友，儘管不是處處順利，但也常有驚奇發生。

其實澳洲是個種族的大熔爐，除了有澳洲白人外，也常常遇到香港、日本、韓國、歐洲、美國等地的背包客，或是來自南美洲、東南亞、中東的移民等等，每國的風俗民情不同，有時有包容，有時有摩擦，不過和東方人相比，西方人普遍大方、開朗許多，讓人覺得相處起來輕鬆許多，但和這些直線條的腦袋處久了，又會想念起東方人曖曖內含光的個性。我想，這就是背包客走入民間，融入當地生活，所能體驗的不同樂趣吧！

打工客小劇場
搖搖搖，搖到跌下床
Comic ／ Vivi

01

Gap Year in Australia

打工，
人生各種練習題

這些事，不來打工還真遇不到！
原來你比自己想像的還要強大無比啊啊啊啊！

Act One

農場 • 修練金剛無敵身

Act One

澳洲的土地非常的遼闊，從北邊的熱帶地區到南邊的溫帶地區，氣候差異非常的大，所以有著各式各樣的作物。而且農場非常的遼闊，工作的時候常常有種作物採收不完的感覺，究竟在這裡工作的感覺是怎樣呢？

farm

farm

Farm
草莓工初體驗 —— Lewis

剛到澳洲的時候，沒錢沒車，還好很快地就在朋友 Nicole 的幫忙之下找到了第一份工作，開始了我多采多姿的打工生活。

工頭很忙之等到深處無怨尤

因為 Nicole 比我早一天開始工作，所以當我抵達 Caboolture 車站的時候，她已經在努力採草莓了。我就打電話給來自馬來西亞的工頭「小伍哥」，跟他說我已經到 Caboolture 車站了，請他過來接我，小伍哥就要我在車站等一下，待會兒就來接我。沒想到過了六個多小時後，我才又連絡上了小伍哥，原來他們剛收工，回去的時候才會順便來接我，這時才知道我是被故意遺忘了！雖然有點生氣，但是沒辦法，在沒有車而且要依賴別人接送的狀況下，就是要配合別人，這就是所謂的人在屋簷下，不得不低頭呀！

快到五點的時候，小伍哥終於打電話給我，說他開著一台小型廂型車在車站前等我。在我找到小伍哥，而且很感動的打開後車門時，我突然愣住了，天呀！這是什麼情況，車箱內滿滿的都是人，大概有十幾個人擠在後面。有兩個人坐在後車廂第一排腳踏板那邊，還有一個人拿著小凳子坐在車門旁邊，他們看到我背著

一個大包包，好像也有一點愣住了，過了三秒鐘才有人開始挪位子，在靠門邊的椅子清出了一個小空間給我。

上車後和他們聊天，才知道這十幾個人裡面有台灣人、香港人、馬來西亞人，所以用中文就可以很輕鬆的溝通啦！對於剛開始做第一份工作、什麼都不清楚的我算是一個好消息，因為說中文比較可以了解狀況，也知道該做什麼，可以更好的融入澳洲的工作環境。

大家剛結束一天的工作，現在要回小伍哥幫我們租的合租公寓 (Share House)，大概離工作的農場有四十分鐘的車程。我也順便問了最重要的薪水問題，在每個星期四的時候，小伍哥會跟我們結算薪水，扣掉房租和交通費後，剩下的部分直接發現金給我們，大概了解狀況後，我們也抵達了 Share House。

打工客小劇場
澳洲的「等一下」
Comic／Vivi

一家人？柴米油鹽樣樣不能亂拿 💬

Share House 位於 Bribie Island 上，我後來才知道這個小島算是澳洲人度假的地方，雖然離工作的地方有點遠，但是環境還算不錯。最大的缺點就是離大型超市有段距離，還好抵達的那晚小伍哥有特別載我到超市補充一下食物，不然食物不夠的話就麻煩大了。如果自己沒有交通工具的話，要特別注意一下附近購物的便利性，有些工頭找的 Share House 比較偏僻，要購物的話需要開車前往超市，記得要先問清楚怎麼去買東西，有些工頭會一個星期帶大家去購物一次，而有些工頭不會管購物，這時就要請有車的人幫忙或是自己搭公車去購物了。

工頭幫我們找的 Share House，外表看起來還不錯

但是大家工作很忙，所以通常都很亂。為了省錢，每個人的空間都很小

第一次住進 Share House，有些東西不知道是要自己買的，像是油、鹽等調味料，都是要自己準備的。第一次煮東西的時候，很自然的就把身旁的油拿起來用，這時候旁邊的大叔就說那瓶油是他的，當我拿起另外一罐鹽的時候，另外一個室友就說先借我用沒關係，但是下次記得自己買，讓我準備一次晚餐就尷尬了好幾次。

採草莓，比速度練腰力 💬

　　雖然我沒有實際採過草莓，但我知道去大湖採草莓是一個很有趣的活動，所以我也把採草莓想成一件很簡單且很有趣的事情，沒想到第一天去採草莓就發現我錯了，而且是大錯特錯！

　　先說明一下採草莓的流程，在草莓開始成熟的時候，因為產量並沒有很多，所以是要帶著籃子採收草莓，這時候會比較辛苦，需要長時間的彎腰，而且籃子放滿草莓後要先放在地上，等採完一整排草莓後再回來收集籃子，再將籃子放到集中處。等到草莓季中後期的時候，因為產量比較多，所以可以用農場改裝的四輪車輔助，坐在車上用腳推動有點像沒有踏板的腳踏車，而且可以把採收好的草莓放在四輪車上，就不用再跑一趟搬草莓了，會比較輕鬆一點。

　　小伍哥和兩個不同的草莓農場合作，第一天我被派去了比較小的農場，只有不到十個人在工作，而且連工頭 (Supervisor) 也要一起採草莓。同行的臺灣人大概教學了一下之後，就開始工作啦！一開始覺得工作還滿輕鬆的，不就是採草莓嘛！就這樣輕鬆的採了二十分鐘後，我發現不對勁了──身邊都沒有人了，只剩下我孤伶伶的一個人在這裡「努力」的工作了，其他人都完成這區的工作，移動到下一區去了。天呀，原來是我的速度太慢了！在驚覺到這點之後，我就開始加快速度，想要趕上其他人，而我在一些技巧性的偷懶之下，也慢慢地跟上了其他人。不過在堅持了兩個小時後，我發現我不行了。在長時間的彎腰後，腰真的很痠，而且因為下雨的關係，地上開始變得泥濘，四輪車卡在泥巴裡很難行走，有些地方還要下來推車，所以在一開始的兩個小時過後，整個人就呈現一種全身痠痛的狀況，恨不得馬上收工回去。還好 Supervisor 自己也忙於工作，沒有注意到我最後兩、三個小時根本就是處於打混的狀態，就這樣讓我撐到了收工。

非常遼闊的草莓園，可以容納六、七十個人同時在這邊工作

採草莓的樣子，這裡沒有戴手套，是錯誤的示範

發配到越南色工頭的地盤 💬

回到 Share House 後，小伍哥問我今天工作的狀況怎麼樣、速度快不快？我很天真又誠實的回答：「很累！現在全身都在痠痛；速度喔，就大家都比我快呀！」小伍哥馬上就收起他的笑臉走掉了，我的心裡突然就喀登一聲，浮現了一種不妙的感覺。果然在隔天一大早，小伍哥就過來跟我說：「你昨天去的那個農場不需要那麼多人了，今天就跟著我去另外一個農場工作。」

這次去的農場規模比第一天的要大很多，不但有六、七十個人負責採草莓，還有十多個人負責包裝，另外還有兩個 Supervisor 負責監督草莓工，一個是越南人 David，另外一個是澳洲奶奶 Emily。當我們在採草莓的時候，色鬼 David 就會跑來跑去的監督大家，不斷地說「Hurry up, hurry up, or you will lose your job.」（快一點，快一點，不然我就要開除你），或是對比較漂亮的女生說著不知道從哪學來的奇怪中文：「你好色」、「我愛你」。認真的 Emily 奶奶則會對大家說「Work hard！」

卯全力不被開除 💬

有人在旁邊監督，真的會比較努力工作，而第二天工作的狀況也有比第一天好，但是一樣撐到下午就因為肌肉痠痛而速度變慢了。Emily 一開始看到我的動作比較慢，就過來關心我，而且示範動作給我看。在經過她的叮嚀下，我又開始努力加快速度。但是一小時後，我的腰已經痛到讓我沒辦法再維持跟別人一樣的速度了，這時候 Emily 又走了過來，很認真的問我：「Do you need this job？」（你需要這份工作嗎），我回答「Yes, I need this job.」（是的，我需要這份工作），她就很認真的告訴我：「If you need this job, you have to work hard. Go fast, not go slow.」(如果你需要這份工作的話，你必須要努力工作，動作快一點，不是像你現在這麼慢)，然後她就走掉了。我知道我再不努力跟上別人，很可能就會被開除了，還好過沒多久就收工了，讓我有了喘息的時間。

在農場工作真的很辛苦，而且長時間的彎腰和勞動，很有可能對肌肉產生傷害，記得每天下班後幫自己按摩一下或是做一些伸展運動，這樣對於減少肌肉痠痛非常的有幫助。

在害怕被開除的緊張心情下，我在第三天咬緊牙根，靠意志力來跟上別人的速度，雖然還是落後在大家的後面，但是我發現只要跟上大部隊的速度，就比較不會被 Supervisor 盯上了。在我努力跟上的狀況下，終於順利的過完第三天了，而且在收工前我聽到了一個好消息——明天 Day Off (休假)！

(?) 快被開除了怎麼辦？　　　*Know How*

在農場工作的時候，效率是很重要的，不管是按照採收量計薪 (by contract) 的工作或是按小時計薪 (by hour) 的工作，Supervisor 都希望幫他工作的人是很有生產力的。我就看過三、四個人因為動作太慢，Supervisor 就跟他們說明天不用來上班了。遇到這種狀況，記得不要氣餒，也不要馬上轉頭就走，要趕快誠懇地跟 Supervisor 說你會努力工作，請他們再給你機會，這種方法通常是很有效的，Supervisor 幾乎都會讓你留下來繼續工作。但是如果過了一、兩個星期後，覺得自己的身體真的受不了，或是感覺 Supervisor 太嚴苛，甚或認為錢賺得太少——任何理由都沒關係——這只是代表這個工作不適合你，趕快找到適合自己的工作就離開，不要為自己不喜歡的工作堅持太久，記住，我們是去澳洲打工度假而不是打工受罪的。

Emily 和 David 在工作結束後都會結算每個人的工作時間

DAY

OFF

×

Fishing

Enjoy your time in Australia!

F I S H I N G

H O L I D A Y

DAY OFF

農場必備三寶：手套、舊衣、網路卡 💬

雖然只有工作了三天，但是在體力消耗和肌肉痠痛的狀況下，就好像工作了一個星期那麼久一樣。而且在開始工作後才發現還是有一些物品沒有準備到，像是工作時穿的衣物、手套以及網卡。

在背包客棧爬文做功課的時候，看到有文章說不需要特別帶農場工作時穿的衣服，到了澳洲再去二手商店買就好了。在二手店買舊的衣服真的很便宜，如果只是要在農場工作時穿的話，不用挑款式，只管買最便宜的大概只要 1～2 塊澳幣；運氣好的話，10 塊澳幣也可以找到不錯的衣服。

但是我剛到 Gold Coast 的時候根本找不到二手商店在哪裡；到 Caboolture 的時候，雖然在 Share House 附近就有二手商店，但是商店的營業時間和我的工作時間一樣，所以當我有時間逛商店的時候，它都已經關門了。所以建議準備要去農場工作的朋友，最少要準備一套在農場工作的衣服，在找不到二手商店或是沒時間的狀況下，至少不用穿平常穿的衣服去工作，也不會把自己喜歡的衣服弄得髒兮兮。

挑手套是有學問的 💬

再來是手套，我的農場工作經驗不是很多，只有在草莓和番茄農場工作過，雖然有看過少數幾個人沒有戴手套工作，但是 98% 以上的人都是戴手套工作的，因為草莓和番茄農場都有噴灑大量的農藥，所以在接觸的時候，一定會接觸到農藥的殘留物，雖然不確定這些東西對人體有沒有影響，但是我想還是少碰為妙。而且在採收的過程中，除了草莓和番茄等果實之外，難免會碰到它的枝葉，很有可能被刮傷或是手被樹葉染成綠色，長時間下來，手就算沒受傷也會變浩克手了。但是不同的農場可能會有不同的要求，像是在草莓農場，因為草莓比較脆弱的關係，Supervisor 怕太粗糙的手套會傷害到草莓表皮，所以會要求我們不能帶橡膠手套，只能戴乳膠手套，這種手套大概半天到一天就會破了，所以

一次都是買一盒。而番茄農場就沒有特別要求了，一開始我是買最便宜的洗碗用手套，但是在採收的時候需要撥開番茄枝葉來找躲在裡面的番茄，常常被枝葉刮到，大概兩、三天就破了。所以後來在番茄農場都是找最厚、最耐用的手套，雖然貴了一點，但是撐上兩、三個星期沒有問題，比較起來還是有省很多。

網卡要考慮價錢跟覆蓋率 💬

最後是網卡，這個就看個人需求了。在澳洲只有少數的 Backpacker 和 Share House 提供免費的網路，一般在 Backpacker 上網都是需要收費的，想要使用免費的網路通常都是到圖書館或是麥當勞。因為我住的 Share House 沒有提供網路，附近也沒有可以免費使用網路的地方，所以我還是選擇辦一張網卡來用。在辦網卡的時候，除了比較費率之外，還要考慮訊號強度，有些網卡雖然費率比較便宜，但是在比較偏僻的地方會發生訊號不好，甚至是沒有訊號的狀況，所以如果都是在大城市移動的人就比較不用考慮訊號的問題，但在農場或小城鎮工作的話，就要先考量訊號的問題，不然費率很便宜，但是沒有訊號的話也是沒辦法使用的。當時我買的 Telstra 網卡，雖不便宜但是覆蓋率真的很好，只有在 TAS 和 WA 部分偏僻的小鎮沒有訊號。

左邊數過去第三間就是二手商店，不過常常都沒開門，窗戶邊還有一張紙條，告訴你如果看到喜歡的東西，可以留紙條給店主請她幫你保留

才工作了三、四個小時，手套就破掉而且被染成草莓色了

他媽的，工頭不見了 💬

在工作了幾天後，快樂的時刻終於到了——要發薪水啦！但是小伍哥卻說他上面的大工頭還沒有把這星期的薪水拿給他，要過兩天才能發給大家，雖然有些失望，但是差兩天不會差很多，所以我們還是一邊努力的工作，一邊興奮的期待。過了兩天後，大事發生了——小伍哥失蹤了！這時候問了一下一起工作的朋友，才知道很多人已經兩個星期沒有拿到薪水了，一個星期沒領到錢還沒多想什麼，兩個星期沒領到錢就真的有問題了，而且小伍哥又上演了失蹤記，所以隔天大家就決定罷工不去工作了。

工頭咧？？！！

　　事實證明罷工是有效的，農場老闆馬上就發現不對勁了，立刻打電話來和大家協調，並且保證大家一定會領到該領的薪水，才有一些人願意去工作。經過了兩天農場老闆和大工頭的協調後，大工頭終於願意發薪水給大家了，但是他要求本人親自到他家裡才願意把薪水給當事人，所以大家就一起到大工頭家，結果赫然發現小伍哥也在那邊和大家對帳。雖然我們到最後還是不知道薪水遲遲不發的真正原因是什麼──有人猜測是小伍哥把薪水拿去賭博輸光了，有人說是大工頭把錢挪去別的地方使用了──但是不管原因是什麼，最後有拿到薪水才是最重要而且最讓人開心的。

　　我們到澳洲工作的目的有很多，可能是為了學習英文，也有可能是為了感受不同的工作環境，但是工作最重要的目的還是賺錢，當我們付出時間與勞力的時候，老闆是理所當然要付給我們報酬的，如果真的發生老闆欠薪水的狀況，一定要使用各種合法的方法，把自己的辛苦錢追回來。曾經聽說過在另外一個農場有一群馬來西亞人，只是因為工頭遲發了一天薪水，他們就集體罷工，不管怎麼溝通都不工作，堅持不給錢就不工作，嚇得工頭馬上就發薪水給大家，可見遇到不平等待遇的時候，更要團結起來，這樣才會被對方正視。

前往布里斯本度假啦！

Farm
一週賺三元，差點拿錢丟工頭 —— Angela

我是草莓季節剛開始的時候到 Caboolture 的草莓農場工作，但是季初的產量並不是很穩定，而且薪水是用 by contract 算的。第一個星期工作了四天，結算薪水時，扣掉住宿八十元以及一天五元的交通費，領到了二十元現金。第二個星期工作了六天，其中沒上工的那天是因為工作內容是拔草（因為我第一次拔草的時候，手會很嚴重的過敏，所以第二次就沒去做了）。結果到發薪水那天，我只有領到三塊現金，我當時真的不爽到差點把這三塊砸在工頭臉上。雖然第三個星期的工作量有比較多一些，而且工頭也跟我說要把我調到包裝草莓的位子，但是領三塊的感覺實在是太差了。

切記領了最後一週的薪水再走 💬

當我聽到有朋友要去 Bundaberg 的時候，就馬上請他帶我一起移動。更誇張的是我離開的時候，還沒領到第三個星期的薪水，後來打了很多次電話給工頭，工頭才把薪水拿給我朋友，但是又用了一些名目扣了我四十塊，要不是坐車回去的車票太貴，我一定會衝回去找他好好理論一番！

Farm
番茄園裡
速度最慢的兩個台灣人
—— Lewis & Will

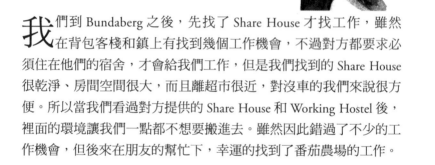

我們到 Bundaberg 之後，先找了 Share House 才找工作，雖然在背包客棧和鎮上有找到幾個工作機會，不過對方都要求必須住在他們的宿舍，才會給我們工作，但是我們找到的 Share House 很乾淨、房間空間很大，而且離超市很近，對沒車的我們來說很方便。所以當我們看過對方提供的 Share House 和 Working Hostel 後，裡面的環境讓我們一點都不想要搬進去。雖然因此錯過了不少的工作機會，但後來在朋友的幫忙下，幸運的找到了番茄農場的工作。

想想那些夢想，再累也撐得下去 💬

沒工作是一種煩惱，有工作則是另外一種煩惱，當我們開始在番茄農場工作的時候，採果速度比其他人還慢很多；我們完全不需自我介紹，當別人提到「速度最慢的那兩個台灣人」的時候，就知道是我們了。而且回家後的痠痛讓我們恨不得馬上跟工頭說「我們不幹了」，但是一想到再過不久就要去雪梨跨年了，忍兩個月賺點盤纏才有錢上路，就是這樣簡單的一個目標，讓我們支撐過去這辛苦的兩個月。所以當你在澳洲遇到困難的時候，想想當初來澳洲的目的、想想下一站要去哪裡旅行，或許會讓自己充滿了繼續奮鬥的動力，加油！

澳洲打工度假，送給自己勇氣的一年

本頁照片
提供／Will

Farm
覆盆子雇主的
聰明管理術 —— Iris

Scene 4

雖然我曾經在龍蝦工廠和餐廳工作過，但是我最喜歡的工作是摘覆盆子的工作，不但工作輕鬆薪水高、可以邊採邊吃，最讓我念念不忘的是老闆娘 Erin 對我們的尊重。

遇見好雇主，記得一輩子 💬

我工作的地方其實是一個草莓農場，而覆盆子是 Erin 第一年的試種，所以有些地方也還在摸索的階段。在工作剛開始的時候，Erin 不會一味地叫我們工作速度要快一點，而是會觀察速度快的人是怎麼採收覆盆子的，研究他們的動作並對照速度慢的人，最後再教導動作慢的人如何改善，讓人感覺到他們的用心。而且有一次 Erin 覺得我的朋友 Deb 的速度很慢，但是 Erin 不會憑感覺就跟 Deb 說：「妳的速度很慢，再不快點的話我就開除妳。」而是會先跟所有人說這幾天會記錄大家的採收量，然後可能會開除幾個速度比較慢的人，等幾天後確定 Deb 的速度真的是最慢的時候，再跟 Deb 說：「經過這幾天的紀錄之後，知道妳的速度是最慢的，如果妳可以在三天內改善的話，我還是會讓妳繼續在這邊工作。」所以大家不但對 Erin 都很服氣，而且也很認真的在工作。

在農場工作的時候，多少會和一些東南亞的人一起工作，雖然大部分的人都不錯，但就是有幾個越南和印尼人會騷擾女生。有一次被 Erin 看到了，她馬上就衝出去對那個人破口大罵，並且說再讓她看到的話就要報警處理，而且當天就聯絡那個人的工頭，叫他明天就不用來上班了，真的讓我們感到大快人心！

打工客小劇場
嬌嬌女傳說
Comic ／ Vivi

drawing

有個女生全身名牌
來到澳洲打工
度假。並靠著
親戚找到第一
份工作.....

沒想到卻是農場工作.....

快一點！

後來適應不良，
做了褓姆，卻又
因為偷懶，馬上
慘遭開除.....

OMG!!!

因此三天內就返回台灣了...

澳洲是很危險的，
還是快回台灣吧！

工廠 ‧ 膽大心細的屠夫生涯

到澳洲打工度假，找工作的首選不是農場就是工廠，但農場工作受季節限制，所以必須要不斷遷移，而工廠則是一年四季都有工作，加上之前台灣媒體的報導，更是讓背包客們趨之若鶩。在工廠打工真的有這麼好嗎？讓我們直擊工作現場吧！

factory

Factory
牛肉工廠清潔工 —— Lewis

Scene 1

雖然牛肉工廠聽起來很普通，但其實就是牛肉屠宰廠，裡面的血腥是可想而知的，所以在肉工廠工作一直都不在我的計畫內，但是在錢快花光又找不到工作的狀況下，剛好有朋友願意幫我介紹牛肉工廠的工作，我也只好硬著頭皮去上工啦！

露宿街頭，夜裡怪人真不少 💬

從塔斯馬尼 (Tasmania) 坐飛機回墨爾本之後，我就趕快跑到南十字星車站 (Southern Cross Station) 去搭火車前往 Pakenham，沒想到剛好和最後一班火車擦肩而過，只好在墨爾本待一晚。因為早上七點前我就必須到牛肉工廠報到，所以在經過一番考慮之後，決定在車站過夜。一開始我在南十字星車站的候車室，想說這裡環境還不錯，應該可以在這安心待到第一班車來，結果我才剛把電腦準備好，就聽到廣播說車站要關閉了，請大家離開，我只好摸摸鼻子，背起背包繼續流浪。我研究了一下時刻表後，決定轉戰至弗林德斯車站 (Flinders Street Station)。

好不容易走到弗林德斯車站之後，我就開始四處閒晃、勘查地形，研究哪個角落比較適合過夜的時候，突然有一個衣冠楚楚的大叔走過來跟我聊天，講沒兩句就問我今晚是不是沒地方住，我說因為我要趕第一班車，怕找地方住會睡過頭，所以在車站等

就好了。沒想到大叔馬上就很熱情地邀我去他家過夜，明天一早再送我去坐車。我心裡就想：「天呀！這麼幸運的事情怎麼會在我身上發生呢？如果我真的答應他的話，可能明天就因為凶殺案上了頭條吧！」所以我就十分不捨地拒絕了大叔，他也沒有勉強我，跟我聊了兩句之後就離開了。我就眼睜睜的看著他走向另外一個徘徊在車站的迷茫少年，在我不留神的時候，大叔跟這個幸運兒突然失蹤了，雖然沒辦法知道真實的狀況是怎樣，但是建議大家為了自身的安全，千萬不要跟陌生人走。

等探勘過車站的地形，沒有發現候車室或是其他適合休息的地方後，我就隨便找了根柱子靠著休息。我才坐下不久，就有個十二、三歲的青少年靠了過來，一開口就跟我說他很餓，要我給他錢，我就很禮貌地跟他說：「不好意思，我沒錢。」但是他還是一直跟我要錢，價碼從十元降到一元，最後就生氣了，揮舞著拳頭跟我說：「你再不給錢的話就揍你！」但他生氣的樣子沒有表演得很好，所以我還是沒有理會他，接著他就放棄離開了。

驚嚇連連，找個安全棲身所真難 💬

經過這兩件事之後，突然覺得待在車站好像有點危險，所以就移動到附近的麥當勞，想說這裡應該會比較安全一點。沒想到剛剛勒索我的青少年突然跑了進來，我心裡想：「不會吧？竟然追上來了！」還好是進來找另一個少年，結果他們竟然起了口角，在吵得很激烈的時候，突然就拿起了椅子，互相丟了起來，好在店員出來制止，並且把他們趕了出去，結束了這短暫的鬧劇。

而我實在是太睏了，加上店員的行為讓我對這裡有了安全感，就趴在桌上睡了起來，當然睡覺時要靠在行李上。直到店裡要清場的時候，店員才把我叫了起來。離開麥當勞後，大約還有一個半小時才發車，我又鼓起了勇氣，回去車站探查一下，還好已經將近天亮，車站也沒什麼人了，就這樣結束了驚嚇的一晚。

> **(?) 背包客的「街頭流浪」須知**　　　　　*Know How*
>
> 如果有計畫在車站或是機場過夜的話，一定要先做好功課，不是每個地點都適合過夜，因為朋友 Tony 在墨爾本機場有過夜的經驗，而且是直接拿睡袋在地上打地鋪，所以就建議我在機場待一晚，然後再去市區搭第一班火車。但是我到達的時間剛好可以趕上最後一班火車，結果卻因為塞車而沒趕上，只好在墨爾本市區待一晚。這完全是計畫外的行動，所以才有了這麼多驚嚇的事件發生。經過這件事之後，除非我有先查過資料，確定機場或是車站有適合過夜的地方後，才會在那邊過夜。否則我建議多花一點錢，住在Backpacker，一定會比機場或是車站安全很多。

看似爽缺，潛伏好多工作傷害呀！💬

到達 Pakenham 之後，工廠的同事 Oscar 和 Saul 來接我到工廠報到，原來是他們即將要回國了，所以會在這兩天帶我和另一個新人 Quincy 一起工作，算是做一些交接和教育訓練。我得到的職缺是清潔工 (Cleaner)，要做的工作是等牛隻屠宰流程完成、大家結束工作之後，把現場留下的屍體殘骸和血跡清理乾淨，將限制級的血腥畫面還原成普遍級的場景。工作開始的時間視當天早班的工作量而定，如果屠宰的牛隻較多，就從下午三、四點開始，牛隻較少就從一、兩點開始，工作時間大約是 9 ～ 12 小時，有時候當我們回家的時候，已經有另一班的人要準備上班了。(有關牛肉屠宰的限制級案發流程，見 P66)

稍稍幸運的是我不會經常看到殺牛、分解和切割的畫面，所以在工作的時候心理壓力也不會那麼大，算是運氣比較好的部分。而工作內容也十分的簡單，就是拿著水管，用燙死人的熱水把地板、牆壁、天花板、機台、工具還有輸送帶上的血跡沖掉，然後用化學藥劑刷過一次，接著再用熱水沖乾淨就完成了。

工廠有教育訓練的制度，所以第一天上班的時候，是 Oscar 做一次完整的流程，然後我在旁邊觀摩，在用眼睛上班了一晚之後，我就覺得「天呀，這工作實在是太簡單了，沖沖水就能賺錢了！」但是聽完 Angela 說她視力受損的過程、Oscar 給我看了他的傷疤，以及巴西人 Smith 摔斷腿的故事之後，我的想法馬上變成「我的媽呀，這麼危險的工作我還要繼續做嗎？」

每個環節馬虎不得，千萬不能小迷糊 💬

首先，用來沖洗血跡的熱水溫度非常的高，所以工作時必須先戴一層厚布手套，然後外面再戴三層洗碗用的那種橡膠手套，才能避免手被水管燙傷。

Angela 負責的清潔區域包含內臟房 (Offal Room)，而房間大小不是很大，所以在沖水時要很注意自己和牆壁的距離以及角度。她有一次就被濺回來的熱水噴到眼睛，驚嚇之餘又不知道撞到什

麼東西，臉腫得跟豬頭一樣，工廠馬上派人把她送到醫院檢查；不但眼睛受傷，而且有視力退化的現象，請假在宿舍休息了一個星期後才回去上班，不過視力還是沒有完全恢復。

另外，我們用來清洗機器的化學藥劑效果非常的好，只要用拖把沾過，再輕輕的抹過機器表面，最後用水沖過，就可以把機器上面的油漬清理乾淨了。所以在使用化學藥劑的時候，都要非常的小心，如果沾到皮膚，很快就會腐蝕了，而且傷痕恢復之後還會留下明顯的疤痕；Oscar 有一次不小心讓化學藥劑流進了手套裡面卻沒注意到，後來感覺到刺痛才發現有化學藥劑在裡面，但是已經出現傷口了。

再來是清洗機台和輸送帶的時候，都要爬到機台和輸送帶上確認有沒有清乾淨，巴西人 Smith 就是在爬上爬下的過程中不小心滑了下來，把腳摔斷了，結果隔天所有的巴西人都嚇到不再繼續做清潔的工作了。可見這份工作有一定的危險性，但是跟之前農場的工作和廠內大部分的職缺比起來，內容比較輕鬆，而且我看到 Angela、Oscar 和 Saul 已經工作了三個月也沒什麼大礙，我才有信心要嘗試看看。

墳場清潔工

一起工作的澳洲人同事，拍完照馬上就睡著了，可見我們的工作是很辛苦的
（照片提供／Angela）

速度不是重點，安全才是優先考量 🔲

　　第二天就換我拿起水管來清潔了，Oscar 在旁邊指出我沒有清乾淨的地方，第一次清的時候就漏掉了很多地方，像是角落、夾縫、機台背面還有輸送帶底下，在 Oscar 提醒後，我才注意到有這麼多地方沒有清理到。而且因為水管太燙以及手指痠痛的原因，一開始工作的速度沒有很快。工作的時候，雖然已經戴了一層厚布手套加上三層橡膠手套，但是握水管時，還是可以感覺到水管的熱度，大概二十分鐘就受不了了，必須得鬆開水管，讓手冷卻一下才行。

　　另個危險的地方是，因為手上戴了四層手套和水壓很強的緣故，手指必須很用力才能握得住水管，萬一手鬆開的話，水管就會不規則的亂噴，很容易就噴到自己或同事而導致燙傷。所以幾個小時之後，手指就感覺到痠痛，工作速度也開始慢下來，其他同事在完成自己的部分之後，還要過來幫忙我，雖然心裡很急，但是 Oscar 會一直提醒我「慢慢來就好，做愈久錢領愈多，萬一不小心受傷，可能嚴重到不能上班，這樣就不能賺錢了。」雖然我覺得他是在安慰我，不過後來還滿感謝他的叮嚀，讓自己在做這份工作的時候，很注意自身的安全；最後除了手指痠痛之外，沒有受到其他的傷害。

⑦ 為工作賣命也要懂「斬節」 *Know How*

如果我們的工作具有危險性的話，切記一定要把自己的安全放在第一順位，萬一受傷的話，雖然有可能拿到傷害給付，但不是每間公司都會幫你處理，可能還要經過一段爭取的過程才能拿到給付，或是根本拿不到，最後倒楣的還是自己。雖然大部分的 Supervisor 一定也會把安全作為優先考量，但我也曾經遇到有一位 Supervisor 本身很瘋狂，一直在做危險的舉動，而且還要求我們要跟他一樣，這時候我們可以選擇不要理會他，或是跟其他的 Supervisor 報告，請別人來處理，千萬不要拿自己的安全來開玩笑。

工廠內的餐廳。因為是在牛肉工廠，所以有提供免費的牛奶，要用大杯子來喝才過癮。另外，這個時間只剩下 Cleaner 在工作，所以可以看到後面的區域都把椅子收放在桌上了

每天回到 Share House 的時候都會肚子餓，這時候煮碗泡麵是最棒的

打工中的小確幸

在經過兩個星期的適應期之後，慢慢的也習慣了這個工作；和農場採收作物的工作比較起來真的輕鬆很多，而且工廠的工作時間比較穩定，固定都是週一至週五上班，遇到國定假日還有放假，不像農場是依作物生長狀況工作，有時連續工作三星期都沒休假，有時一個星期還只上班三天。以收入來說，工廠比較穩定，但是如果在作物生長狀況好的時候，農場工作的收入有可能比工廠多，只是相對的要付出更多的勞力，更辛苦地工作。

而且在 Pakenham 工作還有一個好處——離墨爾本很近，坐火車只要一個小時，加上我們是週休二日，可以享受假日無限制搭乘，一天只要三塊澳幣的優惠。所以我們休假的時候不管睡到多晚，都會往墨爾本跑，至少到唐人街吃個晚餐，讓自己有住在 Melbourne City 的感覺。

Melbourne City Tour

Birthday in Australia!

大家都感情都很好，只要有人生日都會買蛋糕慶祝

臨時大裁員開除大票打工客 💬

大約在三月初的時候，有一天我們準備去上班前，突然所有早班的同事都跑了回來，義憤填膺地說他們都被開除了，然後大家就開始熱烈地討論了起來，研究為什麼會突然被開除以及該何去何從。而我們晚班的清潔人員也湊過去參與話題，想知道我們是不是也被開除了。然後就看到仲介開車過來跟大家說明狀況，原來是因為最近牛肉的需求量變小，所以工廠方面臨時決定從今天起開始減產，幾乎把所有拿打工度假簽證工作的人都開除了，而仲介也是剛剛接到通知才過來了解狀況，並且告訴大家不要擔心，他會協助大家轉到其他工廠去工作。還好晚班的清潔人員沒有影響，等等還是一樣照常上班，這時我們才鬆了一口氣。

進工廠的時候就看到一張公告貼在門口，上面寫著「廠內進行人力調整，請所有拿打工簽證的人向主管詢問詳細內容」。就這樣一張 A4 的紙，開除了一大票打工度假的員工。這時候我們就在討論晚班沒被開除的原因，有同事說因為我們都太優秀了，雖然我們都很認同，但還是繼續討論其他原因。有同事說：「我知道為什麼晚班清潔人員沒有人被開除的原因了，因為殺一百頭牛跟殺一頭牛需要的人力不一樣，但結果都是一樣會把整條生產線弄得血淋淋的，所以需要的清潔人力還是一樣多。」我們才恍然大悟被留下來工作的原因。所以即使工廠的工作很穩定，但仍有部分的職缺還是有淡旺季的分別。不要以為工作很穩定就沒有節制的花錢，我就曾經看過兩三次員工很突然被開除的案例，所以在任何時候都要留一點錢當作備用，才不會突然失業後發生經濟危機。

仲介公司擺烏龍 💬

就在工作了兩個月之後，對於每天都要面對血淋淋的畫面已感到有點厭煩了，剛好有一些同事因為已經工作了六個月，不得不離開去尋找其它工作（澳洲政府對打工度假簽證的規定，不得為同一雇主工作六個月以上，不過如果工作表現良好，雇主還是會有辦法讓你繼續工作），所以我就決定跟著他們離開。即使現在工作的這個仲介還有幾個其他工廠的職缺，但是這間仲介公司給的福利沒有其他仲介好，雖然大家都是在同一個工廠，做一樣的工作，但是掛名在不同的仲介公司底下，薪水就不一樣，而我們的仲介公司就是薪水最低的一家，所以我們決定去找其他的仲介公司試看看。剛好之前在班德堡 (Bundaberg) 採番茄的朋友 Nancy，在阿德雷德 (Adelaide) 的雞肉工廠做包裝的工作，Nancy 說她那邊還有一些包裝的職缺。和仲介確定了面試的日期之後，Angela 和我買了一台車，Willy 和 Belle 也買了一台車，就這樣前往阿德雷德啦！

去雞肉工廠面試的時候，就看到有三十多人在工廠門口等待，等了大概十五分鐘之後，突然有一個人從辦公室走了出來，很隨意的指了靠近她的十個人，叫這十個人先進去填資料，其他人下次再來，說完就回辦公室了，我們四個和其他人都不知所措地站在原地。大家從辦公室人員那邊問到的結果就是「這次只需要十個人」，大家只好問仲介到底是什麼狀況，打了半小時的電話，終於聯絡上仲介之後，才知道廠內有三個仲介，但是工廠那邊跟三個仲介都說需要十個人，所以每個仲介都找了十個人去，才有今天的狀況發生。

**Take a Trip
in
Kangaroo Island !**

在等待工作的期間，連人帶車坐船到附近的袋鼠島 (Kangaroo Island) 旅行

當上帝為你關上一道門之後，你要用力推每扇窗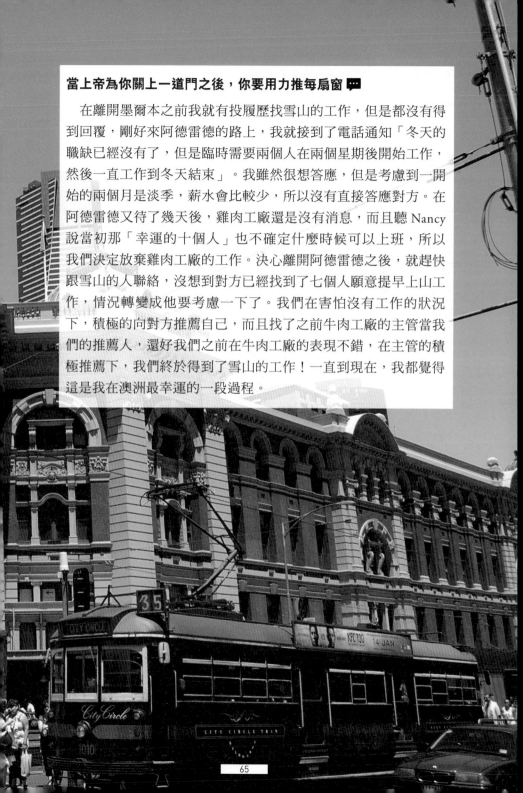

　　在離開墨爾本之前我就有投履歷找雪山的工作，但是都沒有得到回覆，剛好來阿德雷德的路上，我就接到了電話通知「冬天的職缺已經沒有了，但是臨時需要兩個人在兩個星期後開始工作，然後一直工作到冬天結束」。我雖然很想答應，但是考慮到一開始的兩個月是淡季，薪水會比較少，所以沒有直接答應對方。在阿德雷德又待了幾天後，雞肉工廠還是沒有消息，而且聽 Nancy 說當初那「幸運的十個人」也不確定什麼時候可以上班，所以我們決定放棄雞肉工廠的工作。決心離開阿德雷德之後，就趕快跟雪山的人聯絡，沒想到對方已經找到了七個人願意提早上山工作，情況轉變成他要考慮一下了。我們在害怕沒有工作的狀況下，積極的向對方推薦自己，而且找了之前牛肉工廠的主管當我們的推薦人，還好我們之前在牛肉工廠的表現不錯，在主管的積極推薦下，我們終於得到了雪山的工作！一直到現在，我都覺得這是我在澳洲最幸運的一段過程。

Factory 限制級
血淋淋的牛肉屠宰流程全公開 —— Ling

在我開始牛肉工廠的工作之前，對牛肉工廠是怎麼生產牛肉有些疑問，進去工作之後才發現非常地簡單，就是把活生生的牛變成超市裡面在賣的牛肉——簡單的說，也就是屠宰場。接下來我會描述一下整個屠宰的過程，讓想進肉廠工作的人有個心理準備，不喜歡的人可以跳過這一段。

嚴陣以待的屠夫，活像橄欖球選手 💬

在整個流程一開始的時候，會先把牛趕到柵欄裡面洗澡，當然不是每隻牛都花上十分鐘仔細的清洗，只是大範圍的灑水將牛隻做簡單的清洗。洗完澡後，將牛隻趕進一條小路，讓牠們沿著這條小路走上斜坡，到了斜坡的終點，也將是這些牛隻生命的終結；在那邊等著牠們的，是無情的劊子手和一把巨型手槍。當子彈被送進牛的頭裡之後，劊子手就會把身後的小門打開，把牛推到下面的屠宰間 (Kill Floor)，開始進行分解的流程。

通常牛在這個時候就會死亡了，不過在另外一個牛肉工廠的朋友說，他們那邊不知道是開槍的人技術不好，還是牛的生命力特別的強，常常發生牛掉下來之後還維持清醒的狀況，只好再把牠趕出去排隊一次。但是有一次牛掉下來之後是有點清醒又帶點不太清醒，就在裡面慌張地衝來

撞去，嚇得正在工作的人都跑到升降台上面不敢下來，最後是廠長拿著來福槍把牠射殺後，才解決這個緊急狀況。

在牛進入屠宰間之後，會有兩個人先做第一步的處理，一個人會先把牛的喉嚨開一個洞，然後用一個鉤子伸進去把食道夾住，接著將心臟刺破放血。另外一個人會先電擊牛隻，然後從後蹄的地方將牛隻倒掛起來，放在軌道上，但是牛隻被電擊的時候還是會有反射動作的踢一下，所以那個人常常被踢到。後來就看到他身上的防護裝備愈來愈多，有了面具之後又穿了護肩，接著就跟要去打橄欖球沒什麼兩樣了，而且牛隻掉下來後如果亂跑，第一個受害的也是他，所以這個位置算是比較危險的一個職缺。

比黃金貴的牛黃？印度愛煞牛眼睛？💬

牛隻被倒吊在軌道上之後，會先把不能吃的部分去掉，牛蹄、牛角、牛鼻以及母牛的乳房，都在這時候被去掉了。接著會開始剝牛皮；首先用刀把皮切開，然後用兩根鐵鍊將皮絞住，一邊用空氣刀將牛皮切開，一邊用機器將牛皮剝開。因為有機器的關係，所以這個職務還滿輕鬆的，也有女生在做這個工作，而剝下來的牛皮不一定會在廠內處理，大部分會送到專門處理的牛皮工廠。

下一步是把頭和身體分開，牛頭的部分會把牛頰肉和牛舌割下來另外處理包裝，牛身的部分會先用大鋸子分成兩半，並且把牛內臟和牛身分開，牛內臟送進內臟房，牛身則是開始修肉。在分開牛內臟的同時，會把牛的膽囊刺破，然後讓裡面的東西流進一個洞裡面，而且很酷的是下面的容器是上鎖的，所以裡面的東西只進不出。有一次我朋友在刺破膽囊之後發現了一個正方形的黃色物體，就把它拿給我看，當我們正在思考這奇怪的東西是哪裡來的時候，旁邊的主管看到了就喝斥我們，說那個東西是牛黃，也就是牛的膽結石，而且牛黃比黃金還貴，要馬上放進上鎖的容器裡面，要他下次不能這樣隨便亂拿。

切割下來的內臟進去內臟房前會先經過一次沖洗，然後再進行處理。在內臟房可以更深刻的瞭解到各地特殊的飲食習慣，通常

在剪牛蹄的時候，就會順便把牛蛋蛋割掉，然後丟掉，所以一般在內臟房是看不到牛蛋蛋的，但是中東那邊曾經訂了一批牛蛋蛋的單，所以那段時間就會看到有人推著一車跟奇異果一樣大，而且帶著藍色青筋的牛蛋蛋進來。第一次見識到一車的牛蛋蛋真讓人大開眼界。還有一次是來自印度的同事，看到我拿著一顆牛眼睛，就跟我說牛眼睛拿來煮湯很好喝，讓不想看著牛眼睛吃飯喝湯的我，發誓再也不吃在肉廠工作的印度人煮的東西。

菜鳥先在內臟房練龜息功 💬

牛的身上總共有四個胃，但只有一個是可以吃的，在處理的時候就會先把牛胃捅破，然後裡面的草、消化一半的草、消化完的草和牛大便就會噴出來，所以負責這個工作的人通常都會一身「賽味」。由於有這個附加的「福利」，這個工作都是由最資淺的人來做。如果你是第一天進內臟房的話，記得先做一點心理建設。而我印象最深刻的是，有一個韓國男生竟然把一個牛肝刻成愛心的形狀，然後送給他的女朋友，最扯的是那個女生竟然很害羞的收下了那血淋淋的愛，那一幕真的詭異到讓我永生難忘。

有時候我們也會在牛的肚子裡看到尚未出生的小牛，身上完全都沒有毛，有點像異形一樣，因為小牛是完全沒有受到外界汙染的，所以會有人將小牛的血抽出來，做為小牛血清來做研究上的使用。

　　還有，因為牛和人一樣都會生病，所以身上也會有一些腫瘤或是膿包；修肉就是把一些沾到大便、髒東西或是腫瘤、膿包的地方鋸掉。但是牛隻上的腫瘤也可能是一顆顆的未爆彈，曾經有朋友一刀插進牛隻的膿包的時候，突然就啪一聲的爆開了，噴出來一坨坨乳白帶著青色的濃稠液體，而且有種腐爛的大便味道，就這樣黏到身上和牛隻上，不但要報廢大部分的牛肉，而且還讓自己一整天都充滿著惡臭味。

　　再來做最後的處理，將牛隻內部其他部位 (像是橫膈膜等不要的部位) 切除，這裡很特別的地方是，有一塊韌帶會被拿出來烘乾，就是市面上看到的狗骨頭了，第一次知道的時候還滿訝異的。然後會有檢查人員做最後的確認，如果都沒有問題的話就會蓋章，送入冷藏室保存，等著進去骨室 (Boning Room) 做切割。

韓國歐巴是這樣耍浪漫的嗎 ...

打工客小劇場
牛胃爆炸！
Comic／Vivi

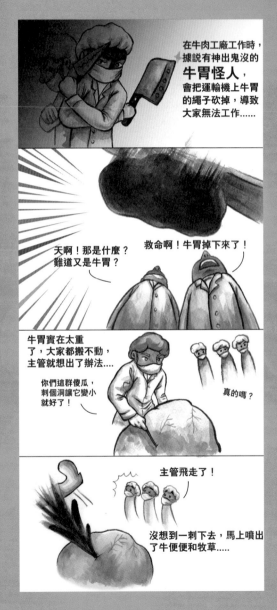

耐操有擋頭？高薪去骨手等你挑戰 💬

去骨室 (Boning Room) 主要只有三個工作職缺，從屠宰間過來的牛隻會先由去骨手 (Boner) 做大部分解，然後交給 Slicer 做細部分解，最後將已經切好的部分給 Packer 分類包裝，就是我們在超市看到的牛肉了。

去骨手要做去骨的動作，所以技術要求會比 Slicer 高，而且也比較累，但是薪水相對的較高，不過不知道是真的太辛苦或是薪水高的職缺都優先給澳洲人的關係，很少看到亞洲人能做去骨手的工作；對自己體力有信心、而且想追求高薪的人或許可以挑戰看看。

Slicer 和 Packer 的工作雖然比較輕鬆，但大多數人也是需要幾天時間才能上手，如果一開始跟不太上速度的話不要灰心，只是因為我們還沒習慣而已，努力調整自己的步調，相信很快就能跟上的。

超自然的問題就要用超自然的方法解決 💬

雖然我們都把屠宰場叫做牛肉工廠、雞肉工廠或是豬肉工廠等，但實際上它還是個屠宰場，所以有人說這裡的氣場會比較不好。當我家人知道我在牛肉工廠工作的時候，也非常的反對我在這裡工作，而身邊也確實發生過奇異的事件。

有一個朋友 Ling，工作都是在升降台上面，但很奇怪的是，當她站上升降台的時候，頭都會發量，有時候還會嚴重到無法繼續工作而蹲在升降台上面休息，主管看到了才幫忙她把升降台降下來。當時 Ling 根本沒辦法走下升降台，只覺得眼前白茫茫的一片，還是主管把她架起來，拖到外面去曬太陽後，Ling 才感覺視覺慢慢地恢復，過不久就恢復正常。

持續發生了很多次之後，主管也覺得不太正常，就在一次事情發生之後，Ling 就被送進了醫院檢查，在驗血驗尿和醫生的檢查之後，醫生認為 Ling 沒有問題，而且身體很健康，在找不到原因的狀況下，Ling 又被送回來繼續工作。這次檢查確定不是身體

的問題之後，Ling 才驚嚇的感覺到可能是一些看不到的因素造成她的問題，所以就試著在上班的時候聽佛經而且一邊跟著唸，還好這個方法真的有效，讓她再也沒有頭暈的現象。如果有遇到相同狀況的朋友或許可以試看看以宗教的方式尋求心靈平安，如果真的不行的話，還是趕快換工作吧！

Factory
在地獄雞工廠
鍛鍊六塊肌加人魚線 —— Vivi

Scene 3

雞工廠是我遇過最辛苦、最沒人性的工作，卻也是我待最久的工作。雞工廠的規模很大，分成許多部門，我的工作內容是把整隻全雞從包裝、封膜到最後裝箱，原本想說這過程聽起還很簡單，應該不會太難吧？誰知卻是進入地獄的開始……

天天雞石流來襲、敷雞汁面膜 💬

　　每天早晨一到工廠，我們就望著那些四、五公斤的肥雞從上方的輸送帶掉下來，大雞小雞落鐵桶，沒有奏出優美的節奏，反而像土石流般轟瀉而下，不停砸臉砸頭、雞血水花濺滿臉，甚至連眼鏡都飛了。儘管已經一身狼狽，卻還要趕緊把掉在地上的雞撿起來沖洗，以免火爆主管跳出來罵。

　　我們要把雞的翅膀反折、再將整隻雞裝袋、用真空機封膜、裝箱，放到輸送帶上，這些過程不只要付出大量的體力，速度和動作還要快、狠、準，我們才能在這場生存遊戲中存活下來，讓戶頭裡有足夠的數字做澳洲的旅費。短短一個月，女孩子細瘦的手臂就可以練出健美肌肉。因此，如果想要擁有六塊肌、人魚線，來雞工廠保證可以一次滿足！雖然一星期只上四天班，但一天都要工作十一、十二小時以上，第一天我就碰到工作十四小時，手整整痛了三天還沒復原。

一開始不熟悉工作程序，做得太慢不只會遭主管挨罵，還會有老鳥心態的同事擺臉色，而和同事聊天的話題也從「澳洲哪裡有好玩的」變成「澳洲哪一牌的痠痛藥膏比較有效」，或是「你今天敷雞汁面膜了嗎？」

只是沒想到，除了超越人體負荷的工作外，還有更大的險境在等著我們⋯⋯

是集中營還是孤雛淚？ 💬

我們的同事們分為當地人和背包客，當地人多半為東南亞的移民，像是越南、寮國、印度、緬甸、柬埔寨，只要喊得出國名，在這裡通通都遇得到。有些同事勤勞又能幹，有些則專挑輕鬆的工作做，把辛苦的部分通通推給背包客，做不好還會跟主管告狀。主管也會不分青紅皂白罵人，還不時推人、飆出髒話，我腦海不禁浮現十九世紀的童工在工廠裡吃不飽、穿不暖的畫面，怎麼這情境跟現在的相似率頗高呢？但在夾縫中最能求生，黑暗中最能譜出美麗的曙光，高壓的工作情況下反而能激起人的生存意志，反覆練習後大家都能做出高難度裝雞動作，人人都變得身強體壯、武功高強！有一次我拿起工具準備修腳踏車，沒想到工具就在我手中應聲斷裂了──難道我練出了失傳已久的雞爪拳嗎？

74

鐵手無敵的掛雞馬拉松 Ready~GO! 💬

「掛雞」之於工廠就像「訓導處」之於學校一樣，絕不會是我們想去的地方，當主管送了我們這兩個字之後，就要走到一個狹長黑暗的空間，而身旁會站著一群膚色更黑暗、身材高壯的黑人們，當所有人做好掛雞預備動作後，就會聽到「Ready……GO!!!」接著便馬不停蹄的把雞倒掛在輸送帶上，一開始覺得這動作沒什麼，但重覆的掛雞動作可是會讓人筋疲力竭的，通常這份工作會以男生為主，但沒人性的主管如果看到人手不足，也會命令女生過去，甚至輸送帶故障時，我們就要使用最原始的徒手力量拯救雞隻。雞一隻隻從管線衝出來，雙手不停地將他們往前推，稍微慢下來便造成交通大亂，那些光溜溜的雞順著水柱在生產線上滑行，好像在玩滑水道一樣開心，而我們卻已「手無縛雞之力」，還不時被激起的水花弄得一身濕。怎麼覺得那些雞在嘲笑我們呢？難怪做久了會看見同事對著雞不停咒罵，卻往往被掉落的雞踢了一腳或挨了一拳，這一切到底是場幻覺，還是雞的咒怨？

脫下工作服搖身變貴婦

　　儘管生活在悲慘世界，人間還是處處有溫情。有些同事把我們背包客當成自己小孩般照顧，大家還會一起去喝茶、出去玩，雖然工作辛苦，但我們只是來匆匆去匆匆的背包客，不像當地的居民，待在工廠就是好幾年。

　　有一次休假時，我在社區遇到了一位越南同事，她很好心的邀請我到她家聊天，一踏進家門，才發現我來到豪宅了！裡頭有各種先進的設備、音響，原來她脫下工作服後就搖身一變成為貴婦啊！澳洲的薪資合理、福利優良，雖然她的手指因為工作而扭曲變形，但能移民到澳洲，享有良好的生活品質，再辛苦的工作她也願意。深入民間，才發現這些社會基層的工作，往往是由這群外來移民所從事，看來澳大利亞的榮耀，除了表面上的商業繁榮，還要多虧這群人血與汗的建立吧！

打工客小劇場
小白帽的逆襲
Comic ／ Vivi

1

通常在工廠工作，都會用浴帽
代替位階......

無名小卒　　清潔工　　主管

2

因此藍帽掌握了我們的生殺大權，
動不動就會暴怒，還會讓我們停職......

What the f*ck are you doing!?

3

於是乎我們只好做一些
奇怪的行為撫慰自己幼
小的心靈......

例如：
將藍浴帽當成襪套防水

防水效果不彰但能把藍帽踩在腳下......

4

或是....

太好了！今天大家要開派對耶！

不知道會有什麼樣的驚喜呢？

5

藍帽派對！

這是哪門子的補償心理....

Factory
海鮮工廠之叫我鮑魚屠夫 —— Will

Scene 4

在抵達墨爾本之後，很幸運的經由室友介紹，到了瑞奇蒙 (Richmond) 的海鮮工廠。工作內容主要是處理鮑魚，但是偶爾也會去支援殺龍蝦。處理鮑魚的流程會先把鮑魚的殼去掉，然後再把內臟拔掉，把鮑魚放進機器裡面用熱水清洗，接著用冰塊降溫後，再用小隻的強力水柱做細部清洗，將上面的沙土沖洗乾淨，並且把鮑魚上面很像牙齒的東西拔掉，最後再做一次高溫殺菌，就可以做罐頭或直接做真空包裝。殺龍蝦的部分由於只是支援的關係，所以只有幫忙把龍蝦去頭去尾，後面的部分就沒有參與到了。

薪水與漁獲量息息相關 💬

雖然海鮮工廠的工作滿輕鬆的，薪水也不錯，但是海鮮的收穫量有時不是很穩定，工作量也跟著起起伏伏，有時候一個星期的時數有四十個小時，有時候只有二十個小時。雖然工作時數少的時候曾想要多找一份工，但又擔心工作時數多的時候會忙不過來，這種掙扎一直到離開時，還是只有做一份工作。

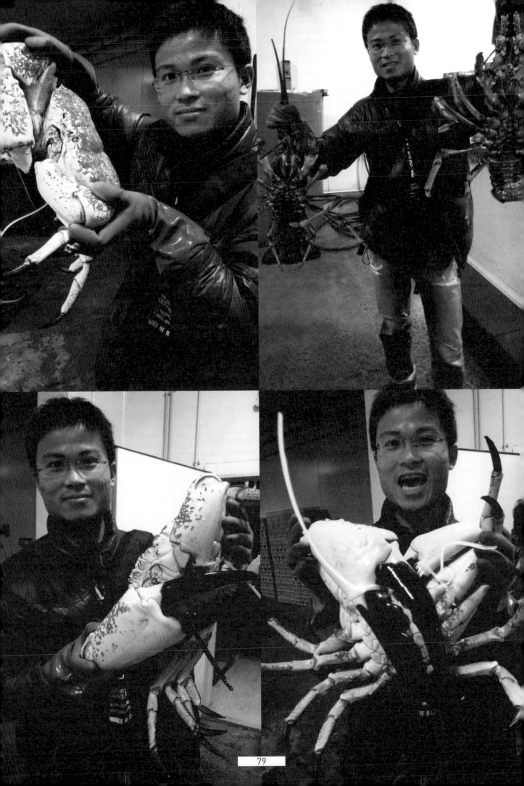

Factory
洋蔥工廠的
投籃神射手養成記 —— Vivi

Scene 5

為了集二簽，開始尋找各種工廠或農場工作，沒想到投履歷不到幾天就被錄取了，打包好行李坐著巴士來到莫瑞橋 (Murray Bridge)，我被安排和其他同事住在一起，大家也同樣是從台灣、香港來的背包客，六、七個人住在間老舊的房子裡，不但沒有洗衣機，更要常常擔心沒瓦斯。不知為何，客廳的牆上有個「笨蛋法國人」的字樣，據說是以前的法國人寫下來的，原來這間房子就像龍門客棧般，有各式各樣的背包客在此停留居住，而今天我也成了歷史中來來去去的一份子。

清晨五點，窗外仍一片漆黑，我們就起床了，離開溫暖的棉被，在寒冷的天氣下，大家搭著車一起去上班。原本仲介有給我們車子，但實在是太破爛，已經開壞了，還好其他室友有車子，大家才能一起去上班、分擔油錢。到了工廠，天才剛亮，十里之外沒有房子，陽光從廣大的地平線升起，照亮廣大的農田、牧場，十分漂亮。

糾結啊！洋蔥怎麼挑？ 💬

第一天會有主管對我們做「職前訓練」，但其實說穿了只不過是填寫些資料、稍微交代我們的工作，還是要清自上陣後才知道工作的難易度。工廠的工作，女生負責挑洋蔥、男生負責把一大袋一大袋包裝好的洋蔥扛起來疊在一起。在洋蔥工廠工作，最常被問到的問題是——不會一直流眼淚嗎？流眼淚倒還好，問題是——洋蔥好臭啊！我們要把剛採收好的洋蔥以生產線的方式一層

層篩選，別看超市的洋蔥好好的沒什麼問題，工廠裡的洋蔥大部分都腐爛了，我們要像投籃一樣把壞洋蔥一個個挑起、丟到廢棄的另一條生產線上，洋蔥大小不一、腐爛程度也不一樣，每個人評斷的程度不同，常常不知道該丟還是保留，丟錯了又會挨罵。所以如果主管走過來，記得認真地問到底哪種洋蔥要保留、哪種要丟掉。

Smoko 時間大喘息，吃點心小放風 💬

別看洋蔥看起來乾淨，每次做完後臉上、鼻子裡都是沙，有時洋蔥堆裡還有壓扁的鴿子和老鼠！沒想到挑個洋蔥還這麼心驚膽跳！工廠通常在午餐和下班之間都還會有中場休息時間 (Smoko)，時間大約 15 ～ 20 分鐘，可以讓我們去廁所、休息、吃點心，跟我們工作的多半是當地的澳洲叔叔阿姨，如果要加班，他們還會邊挑邊抱怨：「oh ～ I wanna go home!」與其要加班，他們寧願回家休息、陪小孩，而我們這些背包客，當然是希望做久一點，才有錢可以拿。

雖然我們背包客和他們當地人做著同樣的工作，但仲介給我們的卻是黑工，但還好發薪水的時間還算準時，不過每天下班的時間不一，記得要自己記錄工作的時間，如果是以時薪計算，就是工作時間再扣掉午餐時間，有些工廠會扣掉 Smoko 的時間，有些不會，問清楚才不會少領到錢喔！

雖然如此，我們的工作還不算太勞苦，每天早睡早起，徹底實行「透早就出門，天色漸漸光」的農家生活，天氣雖冷，但工廠還有屋頂，不怕日曬雨淋，休息時間還提供牛奶、咖啡，有時上班的路上還有羊駝、綿羊牧場，但往往一下車準備拍照，綿羊馬上就跑得遠遠了，只剩羊駝邊嚼草邊望著我們這群城市土包子。

(?) 黑工是什麼？   *Know How*

是指雇主不幫你報稅、加班薪水也不會加倍 (通常超過標準時數薪水會以 1.5 ～ 2 倍計算)、也不會有退休金可以拿。因此黑工可是有著各種風險，雖然是一時找工作的權宜之計，但還是盡可能的往白工發展吧！

(?) 二簽黑工充滿偷天換日的風險

在澳洲，要申請二簽，需要找一些符合二簽資格的工作做，大多數是農場、工廠。申請二簽的文件，除了個人資料外，也需要填上雇主或仲介的資料，像工廠地址、雇主的 ABN(類似台灣公司統編)、連絡電話等，再送到澳洲政府確認。雖然有些黑工雇主或仲介會答應幫忙簽二簽的文件，但因為黑工並沒有報稅證明，在審核文件被澳洲查到的話，可是沒辦法通過的。

只是澳洲政府並不會每一個人都確認，而是隨機挑選，才會有很多人打黑工或造假文件卻有辦法通過。但如果被澳洲政府查證，就會打給雇主，問這個人有沒有在此地工作過，也會核對這個工作有沒有報稅紀錄，而黑工都是沒有報稅的，二簽自然就不會通過了！即使通過二簽，澳洲政府還是會再隨機複查有沒有造假，如果被抓到的話就會被遣返。而有些仲介或雇主會說打黑工也可以申請二簽，騙一些菜鳥背包客，這是要特別提防的陷阱唷！

澳洲老闆不發好人卡只發請假卡 💬

　　沒想到我工作不到一個月，老闆就親自發了張「請假卡」給我，得到這張無形的卡一點都不好，就是覺得你工作沒做好，要好好在家反省休息，當然也沒錢可賺囉！因此我的洋蔥投籃生涯很快地就結束了。事後聽說老闆因為不需太多人力，就沒來由的把人裁掉，當時雖然被發了請假卡內心十分懊惱，我還是想著「投籃技術不好又如何，總有適合我的工作吧！」所以鼓起了勇氣，馬

上訂了阿德雷德市區的 Backpacker，隔天衝到車程一小時外的市區當街頭藝人，不但因此結交更多的朋友，還讓我有機會離開此地，找到更好的工作。來到澳洲，什麼事都可能發生，有時失去機會，卻往往能絕處逢生，沒想到古人說「塞翁失馬，焉知非福」，在澳洲可以如此深刻體會這句話的道理。

Vivi 的街頭畫家故事，請見 P88

Factory
沒錯！澳洲人吃袋鼠肉
搬袋鼠尾巴的日子 —— Vivi

在我的洋蔥投籃生涯早早斷氣後，朋友好心地幫我介紹到袋鼠工廠工作。通常在工廠工作，要先穿上防塵衣、戴好浴帽，並套上可丟棄式的塑膠手套、袖套和圍兜，才可進到工作區域。既然是肉類工廠，裡面的恆溫當然只有十幾度，所以千萬別穿著短袖短褲就來上班啊！

我的手也快變凍凍指頭了 💬

一開始的工作就是把切好的肉片放在塑膠盒子裡，擺到生產線上，輸送到前方封膜、貼標價後，就變成在超市裡亮相的樣子了！原本覺得比洋蔥工廠簡單多了，後來才發現肉片其實要憑「手感」抓到一定的重量，太輕太重都不行，而且還要擺到一定的美觀程度。擺肉片真是一門太抽象、太有學問的功課了！此區域的員工大部分是越南藉的媽媽們，多年前因為越戰關係移民到澳洲，早已是資歷多年的擺盤老手，果然十天功和十年功有差，我擺好一盤他們已經擺了三盤，其實不論是什麼工作，身邊的同事不一定會教我們，務必要厚著臉皮問人，果然這些媽媽們好心地教了幾招撇步，讓我們越來越有專業水準。有時肉片是冷藏過再拿出來的，就算已經戴了尼龍手套，外面還套了二、三層塑膠手套，手指還是凍到不行，每次一到休息時間，就趕緊將冰凍的手指去沖暖暖的熱水，舒服之餘，好像還看到一陣白煙冒出⋯⋯

職業病上身，逛超市看自己的傑作 💬

　　除了放肉片外，我們還會做袋鼠肉串，甚至搬袋鼠尾巴。做肉串跟擺肉片一樣，看似簡單但還是有一定的標準，肉串不只要好看、扎實，速度也要夠快，還要小心手被竹籤刺到。據說在工廠、農場做久後，許多人去超市購物時，還會特地瞄一眼自己包裝的產品封膜有沒有弄好；水果、蔬菜挑出來的品質好不好。原來不知不覺中，大家都產生這樣的職業病了！

　　其實袋鼠工廠對女生來說相對輕鬆，因為主管並不會讓女生搬重物，而且男生看到我們提箱子、搬袋鼠尾巴，都會主動來幫忙，我們的工作就瞬間變成折紙箱、貼標籤價格。

廣發好人卡的日子 💬

　　漸漸地，我發現身邊的同事除了背包客外，大部分都為「難民」身分。由於澳洲簽有人權協定，許多戰亂國家的難民如非洲、中東等國家，都會想盡辦法來到澳洲申請公民定居。

　　看到他們年紀輕輕就遠離家鄉、來到澳洲重新扎根，展開全新的人生，不禁覺得我們可以來澳洲遊玩、混不下去還可以逃回臺灣，實在是件很幸福的事，也因為跟他們聊天的情況下，敘利亞、伊朗、阿富汗、或是東非的內亂，不再是電視上冰冷的新聞，而是真實發生在這群朋友身上的事件。

　　但在和他們交朋友後，發現情況似乎不太對了。別忘了當年唐山過台灣落地生根後，想要娶妻生子的道理，換到南半球還是不變……果然許多年輕男同事動機不單純，頻頻問女孩子要不要

出去約會之類的。而且因為他們國家的適婚年齡都是二十出頭，所以這群單身男子的告白方式不是「要不要當我的女朋友？」而是「要不要跟我結婚？」尷尬之餘，也不好意思說出我們這群亞洲女生，外表雖看似少女，年齡早高於常人，只能發出多張好人卡，婉拒他們想把妳娶回家的心願。

街頭藝人 · 在澳洲一圓畫家夢

Act Two

出發到澳洲之前，我就許諾過要當街頭藝人，不論成敗與否，總要上街試試看。憑著一股熱血，提著畫具走到街頭，當自己真的站在人來人往的布里斯本街頭時，腦袋不禁響起了許多聲音，真的要冒著被當傻子的風險做這種事嗎？

busker

busker

Busker

最初的念頭
鋪下地毯的勇氣 —— Vivi

Scene 1

雖然當街頭藝人是來澳洲前就先設立好的目標，但等我真正到了布里斯本街頭時，心中還是猶豫了許久。那時，四處尋找擺攤地點，身上只有簡單的畫圖工具，甚至連地毯和折椅都是跟房東借的！還好熱情大於理性，毯子一鋪，東西一擺，就像多了一張防護網一樣，產生了勇氣，就這樣行人來來往往，不時向我的作品一瞥，熱情的澳洲人總會發出讚嘆，或是豎起大拇指跟我說 Good 之類的話語。但是，隨著時間一分一秒過去，卻沒有半個客人上門，當我開始懷疑自己擺錯地點、開始收拾行李轉移陣地時，奇蹟發生了！

彩繪車輪在城市每角落飛翔 💬

一位澳洲人問我能不能幫他彩繪腳踏車，從沒做過這樣的嘗試我，反而覺得躍躍欲試，就這樣因緣際會，腳踏車輪彩繪成了我第一份工作。我沿著車輪外的白框畫上城市的剪影，當車輪轉動時，整個城市都隨之起舞，因為腳踏車的主人以前住過雪梨，現在住在布里斯本，因此筆下就多了雪梨大橋和故事橋，另外還藏了怪物熊和中文字；以後這台腳踏車就會出現在澳洲的各個角落自由飛翔吧！

臨時想出用壓克力創作，沒想到反而充滿律動感

布里斯本街頭不能少了
Tim 大叔的身影啊！

他是尋常軌道上的一顆耀眼彗星 💬

　　Tim 大叔是在伊莉莎白街上表演吉他與唱歌的街頭藝人，總是在路口高興地唱歌，他有一頭束起的捲髮，還有一把大鬍子，穿著嬉皮風格的服裝，活像從六〇年代走出來的樂手。在我試過許多地段擺攤都沒有生意後，希望能在他附近試看看，沒想到他不但沒有拒絕，還教我許多當街頭藝人的撇步。

　　Tim 大叔說他在這裡彈兩年了，以前也曾經在美國和其他城市表演過，不時可以看到許多熟客過來跟他聊天，有青春洋溢的少男少女們、身障人士、甚至其他的街頭藝人。Tim 身上總是充滿著濃濃的熱情與真誠，就算只是路過都能感受到他散發的萬丈光芒，好像他在這邊唱歌的義務，就是為忙碌的城市注入單純的快樂與活力，每當他聽到我為了五斗米折腰，跑去找餐廳或工廠的工作時，總是皺著眉頭說「Oh! Those shitty jobs！」還對我說「Don＇t give up your dreams！」

　　對我而言，他就像是正常軌道上的一顆彗星，當每個人都在生命洪流載浮載沉時，他正在上頭彈著吉他飛翔著。當然，街頭藝人的生活也有許多辛苦之處，收入不穩定，又得忍受日曬與寒冬，但他願意跳脫我們視為正常的生活模式，用自己的方法生活，為街頭帶來了生命與力量。也許當我們開始抱怨生活麻木或一成不變時，真正該改變的是自己的內心吧！

少年的夢，一隻停在吉他上的蝴蝶 💬

　　似乎受到 Tim 的激勵後，就開始受到幸運之星眷顧了，一位英國與馬來西亞混血的留學生和越南女孩跟我要了幅畫像。在跟客人聊天的過程中，慢慢發現許多人都是外地來的移民，各自帶著不同的憧憬與夢想，在這個新的文化大熔爐中生存適應著。

　　而常在 Tim 大叔身邊敲鼓演奏的 12 歲兒子，也請我為他畫一張畫像，在他純真的話語中，卻能襯托出一份成熟，總是不吝惜地讚美別人。雖然從沒過問他為什麼沒在上學，卻覺得他少了學術的教條，似乎比別人更能看見生命的美麗呢！

Busker
這些人，
是街頭奇特的風景 —— Vivi

每個人站在街頭的理由似乎都不同，也許是為了跳脫尋常的生活方式，又或許是想擁有舞台表現自己，但城市裡只要多了街頭藝人，就能為繁忙的城市注入活力。

村姑剪紙巧遇鐵拐李？

屬於澳洲第三大城的布里斯本，街上都是人來人往的上班族，有空停下腳步畫個畫像的人似乎不多，左思右想，忽然靈機一動，想到「剪紙」這種帶有些東方特色的東西，製作了幾款後，我的攤位上，便多擺了這樣東西。

新產品剛上市不久，一位滿臉鬍渣的大叔在跟吉他大叔 Tim 聊天，看到我出現後，竟然主動幫我鋪好毯子、擺好東西，還跟我握手寒暄，原本以為是吉他大叔 Tim 的朋友，事後我才明白——他其實是不知道從哪冒出來的路人！

接著他就開始一些詭異的行為，一下給我色情傳單，一下問我要不要抽菸，一下子殺價買了我的作品，一下子又把作品貼到吉他大叔旁邊的柱子。只要有路人經過，他就忙著推銷我的作品。雖然事後每個人都說他是喝醉酒的怪人，但我就當作是遇到鐵拐李之類的乞丐神仙吧！

其實 Tim 大叔的表演地方也會有不同的街頭藝人過來輪班，偶爾出現素昧平生的路人在旁席地而坐、聽著表演，甚至隨手掏出口琴一起演奏，或是高興地跳起舞來，十分隨興。

街角的美聲情人眼鏡哥 💬

眼鏡哥是在傍晚才會出現的街頭藝人，戴著粗框眼鏡，斯文的裝扮，伴著金色的夕陽，用溫柔的歌聲唱出城市的美麗與哀愁。他和 Tim 大叔一樣，也給了我許多建議，甚至還出錢買了我的作品。

人生第一次的街頭藝人經驗獻給了澳洲布里斯本，雖然在台灣仍有寫生的經驗，但像這樣在街上販賣自己的作品可是截然不同的，儘管銷售成績不如預期，但其他藝人們兩肋插刀的相助，卻是最感動我的事。他們不但沒有藏私，還靠著自身經驗不斷鼓勵著我。

每天路上都有形形色色的人們，來自世界各地的觀光客、上班族、學生，有時匆匆經過，有時駐足欣賞，而我們所要做的，就是能無限期的自嗨及報以微笑，讓那些表情嚴肅的路人也展露出同樣的笑靨。

過了四個月後，我決定往南移動，開始下一個旅程。

吉他大叔的歌聲仍在布里斯本的市區迴盪著，只是小朋友的身影卻不見了，詢問之下，他說他的兒子暫時去跟媽媽住了，看著他有些孤單的身影，也許人生就是這樣起起伏伏，時而開心，時而憂傷吧！眼鏡哥介紹了他漂亮的華裔女友給我看。我提到想去工廠、農場集二簽時，他竟提起自己也曾在工廠工作過，原來工廠和少林寺的廚房一樣臥虎藏龍嗎？

也許其他人離開後，又會有新的街頭藝人出現，人們都習慣順從於規律的人生，但偶爾從軌道上出走，就像離開已知的航道航行，縱然前途未知，卻有可能發現無人踏及的新大陸。

Busker
阿德雷德復活節擺攤 —— Vivi

Scene 3

阿德雷德是座充滿維多利亞風情的浪漫都市，美麗的街道；悠閒的人們坐在街角喝著咖啡；輕軌電車開過市區，發出叮噹的聲響。這樣的都市，怎麼能不當街頭藝人呢？

姜太公釣魚，釣到天使 💬

興致勃勃的我，趁著復活節連假的第一天，遠從鄉村長途跋涉、千里迢迢來到了熱鬧非凡的購物街區 Roundle Mall，準備大展身手一番，結果——半個人都沒有啊！我早該知道澳洲在國定假日時，根本沒有商店會開門的！而且陣陣狂風吹來，把枯葉塵土一一捲起，冷得我直打哆嗦，但既然沒半個人，就代表沒人會跟我搶生意囉！索性把東西一一擺好，自己逕自畫起來。偶爾幾個路人快步經過，看了我一眼便離去，突然覺得自己的行為又傻又蠢，好像姜太公在釣魚一樣。有位先生坐在我身後的涼椅安靜地看書，狂風竟然沒有把他吹跑，等到看完後，居然投下了錢，還說了句：「Happy Easter！」

顫抖的手捧起了那薄薄的二十元鈔票，是天使下凡了嗎？有了他的鼓勵後，頓時信心大增。

第二天，商店都開了，我才驚覺人潮有多少，全阿德雷德的人似乎都跑來這逛街了，擠得水洩不通。有時一群人駐足在我面前，讓我不知

道該抬頭打招呼還是繼續作畫，即使我臉上一本正經，其實內心正在尖叫著，偶爾會有人來請我幫忙設計刺青、畫印度神像、畫髮夾等等，但常常說完後就不知去向。反而是小孩子開心地跑過來，對著我的畫大叫：「好棒喔！這是妳畫的嗎？」「媽媽！你看姐姐畫的圖！」

小孩的話是最真誠的，父母見狀後，也會跟小朋友互動起來，親子逛街還能兼作美術教育。

當自己的畫作在大家面前赤裸裸的展現時，總不免要更多勇氣，而行人的鼓勵往往是最大的支持，但也會遇到人來吐槽，千奇百怪的事情都有，其中更不乏遇到怪人。

這位有趣的中東男士趁我下班前大特價時，輕輕鬆鬆拗到了一張畫

街頭的落跑叔叔 & 五元拗一張畫 💬

有一次，一位老先生看到了我的畫，在前面讚美了良久，還要我幫他畫一部車子，順便寫上幾個中文字，看他講得那麼神采奕奕、真摯懇切，我頂著澳洲的紫外線，特地花了幾個小時，就為了畫他美麗的車子。大功告成後，開心的打電話請他來領件，竟然──沒有接！就這樣打了好幾通電話，他才說要過來拿畫，我就傻傻的在原地等呀等，眼看天色漸暗，人潮退去，正思考要不要收攤時，一個留著張大千鬍子的華裔男子，說要請我幫他畫露營車，接著又有位中東男士出現，硬要我用五元的價格幫他畫幅畫像。但等待也是浪費時間，不畫白不畫。最後，人潮散去，黑夜降臨，那位畫車的老先生自始至終沒再出現過。真懷疑這位奇怪的老先生是精神錯亂，還是阿德雷德版的鐵拐李呢？

愛國敘利亞人成為我心中的和平鴿 💬

在當街頭藝人時，有位敘利亞先生遞給我一張名片，原來他是在做櫥窗的文字裝潢，想要請我幫他們的公司畫圖。雖然開價太低讓我沒有接受，他還是載著我和一群朋友到 Windy Point 看夕陽。俯瞰阿德雷德市區，不禁令人聯想起從陽明山上的台北夜景，遠方的班機飛入阿德雷德的機場，宛如嬌小的玩具。這個悠閒的城市，其實住滿了各式各樣的人種，有著澳洲人、越南人、印度人、中國人等等，因為氣候接近中東的環境，也搬來了許多中東人居住。身為敘利亞人的他，雖然已移民了十多年了，但每年他還是會回敘利亞，拜訪仍居住在那的家人。我們從澳洲的大地聊到了中東的國際情勢，沒想到他竟然拿了自己表弟被恐怖

份子砍頭的影片給我們看。那些只在電視上報導的新聞、距我們千里之外的世界，因為眼前的這位中東人而變得栩栩如生。多年前，逃離越戰的越南人們來到這裡重新生活，如今為了遠離國家的戰火，許多非洲人、中東人也來到此定居。在阿德雷德悠閒氛圍之下，仍隱藏著各國人們遠離家園、尋找和平土地定居的故事。

敘利亞先生還是不斷訴說敘利亞的美好，他的國家擁有著世界上第一首音樂、第一個文字，儘管國內戰火不斷，他仍對祖國的文化充滿信心，也因為認識了他，電視上的戰爭新聞，似乎不再令人麻木，倘若我們能跨過地域的界限，在另一個土地上擁有新的朋友，彼此了解與包容，那麼地球上的戰火是不是能夠減少許多呢？

站在夕陽下，我們聽他陳述著自己的故事

許多戰亂國家的人民

搭著破舊的木舟偷渡來澳洲

何時戰爭才會在地球消失呢？

Busker
友情萬歲，
陪妳壯膽見客戶 —— Vivi

Scene 4

在復活節的連續假期裡，我一時興起跑到阿德雷德市中心當街頭藝人，在背包客棧住了幾天之後，結識不少好朋友。在那裡大家彼此鼓勵，猶如一家人般，聽到我要去當街頭藝人，還不停加油打氣，是我一輩子都無法忘懷的甜美回憶。

龍貓公車之旅意外啟動 💬

「我今天要去幫一位叔叔畫露營車，你要不要陪我去呢？」為了安全起見，我到處問人要不要陪我去「見客戶」，沒想到有位香港女生馬上答應了。那一天，我們一起去找這位要在露營車上畫畫的大叔。他買了一輛日本進口的巴士，把內部打通後，放了床、櫃子、烤箱和瓦斯爐等等，成了全世界獨一無二的露營車！大叔要我做的是在布上畫一隻孔雀，將來要當成窗簾吊起來。他先帶我們去買顏料和畫布，順便講了他祖宗十八代的故事，又帶我們去越南餐廳飽餐一頓。接著，我們搭上他那輛有如龍貓公車般的魔法交通工具，馳向了遠方……

眼看駛離了市區，四周高樓建築變為荒涼土地，心裡突然冒出了一個想法「等等，這是哪裡？我們該不會吃飽了要被抓去賣掉吧？」

正當我和朋友開始心驚膽顫時，眼前忽然豁然開朗，來到了一個寧靜的海邊。

「就在這裡作畫吧！」大叔一派悠閒地說，原來他只是想帶我們到漂亮一點的地方來幫他畫畫。

讓城市土包子又驚又喜的澳洲祕境 💬

　　就這樣，我們悠閒地在海邊聊天、畫圖，大叔幫我把畫布鋪好，又開始了他另外一段祖宗十八代的故事。原來，他剛和妻子離婚，決定過著簡單、自在的日子，開著他親自打造的露營車，駛向澳洲各個角落。

　　天色漸暗時，海邊突然出現了令人熟悉的身影。

　　「是海豚！」大家驚呼著，五、六隻海豚不停地躍出水面，那些在 Discovery 頻道才會出現的畫面，竟大方地在我們眼前展現。但大叔卻很理所當然地說，海豚在這個季節的傍晚都會出現。但我們這些城市土包子卻看得又驚又喜，澳洲這得天獨厚、與大自然共生的環境，是多少人所嚮往的呢？

　　夕陽西下，蚊子忽然衝出來攻擊我們，我們只好倉皇逃回巴士上，結束這趟旅程。

　　大叔把我們安全地載回背包客棧的時候，背包客棧老闆看了看那輛奇異的巴士，突然擔心的說要我們小心安全，我們不禁莞爾，還好沒有被賣掉。看到背包客棧裡的朋友們，我們很興奮地用中文夾英文、亂七八糟地向他們述說這趟奇異的旅程，龍貓公車開走了，還好仍有照片為證，告訴大家也告訴自己這不是一場美麗的夢。

日本巴士進口改裝的龍貓公車外觀

鋪平畫布，準備開始作畫

有點隨興、天氣又冷的作畫現場

街頭藝人／特別加映
跟著 Band 去旅行
澳洲樂團 The Red Paintings 巡迴演出

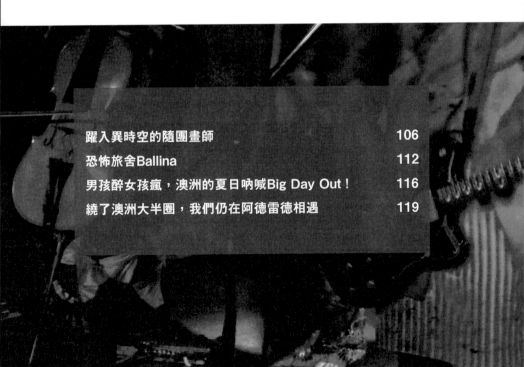

Extra Show

Extra Show
躍入異時空的隨團畫師 —— Vivi

Scene 1

在報紙上看到一個布里斯本樂團「The Red Paintings」的介紹文章，並說要徵人體模特兒和畫家，在他們表演的同時，即興在模特兒身上或舞台上的畫布作畫，這樣的表演方式還是頭一次見到。當初抱著姑且一試的心態寄了作品過去，沒想到就收到了表演通知，只是竟然要自備畫具和買門票！已經拮据到連零食都買不起的我，還要去幫忙義務表演，真的大丈夫嗎？雖然內心忐忑不安，但還是抱著「錢以後也能再賺」的想法參加了，沒想到卻成為我人生中難能可貴的經驗！

站上澳洲舞台黃金海岸

　　第一場表演是在黃金海岸的酒吧，懷著焦急又好奇的心來到他們的工作室，眼前是一棟古老的大房子，一樓內部全鋪滿了假草地，有如一片神祕的森林，裡頭還有各式各樣假樹、道具，就像是闖入愛麗絲的夢境一般。團員及工作人員和我打招呼後，就開始忙進忙出。團長兼主唱穿著簡單的 T-Shirt 和短褲，一副悠閒的裝扮出現，倒是健談的他跟我聊了一會兒。

　　終於他們把行李大包小包塞進車後，駛上高速公路，邁向黃金海岸了！我們來到著名的衝浪者天堂，人來人往的街區上，有一個嬌小的表演場地，從狹長的樓梯走上去後，來到附設舞台的迷你酒吧，而今晚表演的不只我們，還有其他來自四面八方的樂團。

大膽彩繪裸女╳全員視覺系出動

　　The Red Paintings 的表演方式很特別，除了團員們都會化妝打扮外，還會有裝扮成外星人樣貌、全身塗黑的裸男裸女，在樂團開始演唱時，就會在舞台旁邊舞動；而我的工作，就是配合著表演，即興在裸女身上彩繪囉！

　　不同於一般的搖滾樂團，整個團員都吃素，並會在他們的創作中控訴社會不公、帶著很強的動物保護主義，充滿獨創和標新立異的風格。

　　舞台後方有個超小的閣樓和陽台，所有的表演樂團都共用這塊區域，另一個樂團的鼓手自我介紹說他們來從自美國，雖然臉上一副酷酷的表情，還是隱藏不住樂團能巡迴演出的喜悅。

　　雖然受邀表演，但可沒有 VIP 室和雞尾酒款待，我們躲在閣樓的超小空間準備，已經塞滿團員和道具不說，

有如愛麗絲夢境的工作室

發光忍者出沒！

還有其他樂團的人爬進爬出。樂團另一位受邀的畫家，原本還一副老實大叔的模樣，但一穿上他自備的藍色發光忍者服，就忽然搖身一變，開始敏捷地在屋頂上走來走去，還故意走到最邊緣，接受底下路人的歡呼。

　其他人穿上自製的黑色日本和服，臉上塗滿有如藝妓般的白粉，再加上工作人員用紅色黑色線條點綴，詭譎而又瑰麗的造型便誕生了！一位聲樂家脫下休閒牛仔外套，換上正式的禮服，好像帕華洛帝走到了現場，主唱戴上了假髮和俄羅斯軍帽，換上修長的綠色大衣後，瞬間變成帥氣樂手，工作人員也幫穿著全身黑衣的我弄了個爆炸的髮型，每個人臉上都上了妝，完完全全和臺下的模樣截然不同，而兩位另外邀請來的裸體模特兒，則是脫到只剩一條內褲，大大方方地被全身抹黑。

心跳動次的迷幻搖滾之夜 💬

　等了四、五個樂團表演結束，終於輪到我們表演了，這時已將近午夜，觀眾卻忽然湧入，擠得水洩不通，樂團先帶來幾段開場暖聲，鼓聲由遠而近，吉他與貝斯的節奏蠢蠢欲動，觀眾隨著音樂鼓譟著，忽然，主唱開始在台上奮力嘶吼，觀眾狂熱跳躍著，當他全神貫注表演時，刷吉他的手已快到成了幻影，鼓棒劇烈敲

打，大提琴、小提琴悠遊自在地在音符間穿梭，搖滾的樂曲敲擊每個人的心跳，高亢的男高音忽然闖入，攫住所有人的靈魂，超脫宇宙時空，我就站在音響旁，身體由內而外跟著音樂一起顫動。黑暗中幾乎沒有光線，裸體模特兒就站在面前，頭上還裝飾著一個玻璃頭罩，有如異時空降臨的舞者任我恣意在身上揮灑創作，當下只記得手上提著螢光塗料，有如黑夜中的星光，隨著我的彩筆飛上她闃黑的宇宙身體，點綴上萬點星體。音響大得震耳欲聾，所有觀眾有如催眠般盡情搖擺、隨音樂尖叫嘶吼，在樂團躁動吶喊中，有如宇宙洪荒震響大地，我不得不佩服樂團風格獨特、充滿創造力，現場表演更是一流的，真是讓之前的樂團都相形失色！

　　終於，表演落幕，燈光再度亮起，所有人從奇幻的時空夢境甦醒，當我回過神時，眼前的模特兒已被我堆滿塗料，其他觀眾還好奇的來摸摸她，這件新衣還真不知道要怎麼脫掉。

　　人潮散去後，我們又從宇宙降落回現實，深夜的黃金海岸仍然熱鬧著，酒醉嬉鬧的人來來往往，也有不少街頭藝人在路邊唱著歌，和酒醉的人一邊起舞。大家又大包小包把東西塞回車裡，迷幻的夜晚結束了，但這只是我和樂團表演的起頭而已，回到布里斯本，看那白色的摩天輪在暗夜下閃耀著，拿起鑰匙，踏回溫暖的窩，看著窗外布里斯本的夜色，心跳卻還在敲打著那迷幻詭譎的節奏，不敢相信自己剛經歷了這一切！隔天一覺醒來，看著手上殘留的顏料，我還能跟室友炫耀自己畫了裸女，證明昨晚的事，都是實實在在的發生。

舞台準備工作

終於，表演落幕

燈光再度亮起

所有人從奇幻的時空夢境甦醒

當我回過神時

眼前的模特兒已被我堆滿塗料

其他觀眾還好奇的來摸摸她

這件新衣還真不知道要怎麼脫掉

Extra Show
恐怖旅舍 Ballina——Vivi

Ballina 是個離布里斯本約兩小時車程的寧靜海邊，每次望著地圖都會好奇這到底是什麼地方。因為跟著樂團的第二場表演才有機會來到這裡。

走入翻版的加州旅館 💬

這次的表演場地是一間古老的 Hotel，一樓附設的餐廳正坐著抽菸喝酒的中年人們，幾個天真的小孩在旁邊跑步玩耍，畫面越看越覺得詭異，真的要在此表演嗎？

但團員們和工作人員一副理所當然的模樣，開始搬樂器、調音響、擺相關 CD 商品。即使地點偏僻，也有死忠樂迷跑過來加油打氣，偶爾幾位好奇的客人走過來跟大家聊聊，看到我時還滿臉微笑地說，要好好畫喔！

準備之餘我到海邊逛逛，Ballina 有著清澈見底的海水，微風輕輕掀起漣漪，四周寧靜平和，海鷗的聒噪是這裡的唯一聲響，歲月如此寧靜，就算時間悄悄流逝也不為人知，如果在此久待，一天醒來，發現自己已白髮蒼蒼，應該也不足為奇吧！

我們在老舊的房間內做準備，斑駁的油漆和天花板透露出旅社的年齡，還有一台傳統電視，打開時畫面聒噪作響，撥著不知名的電視節目，好像貞子隨時會跳出來！

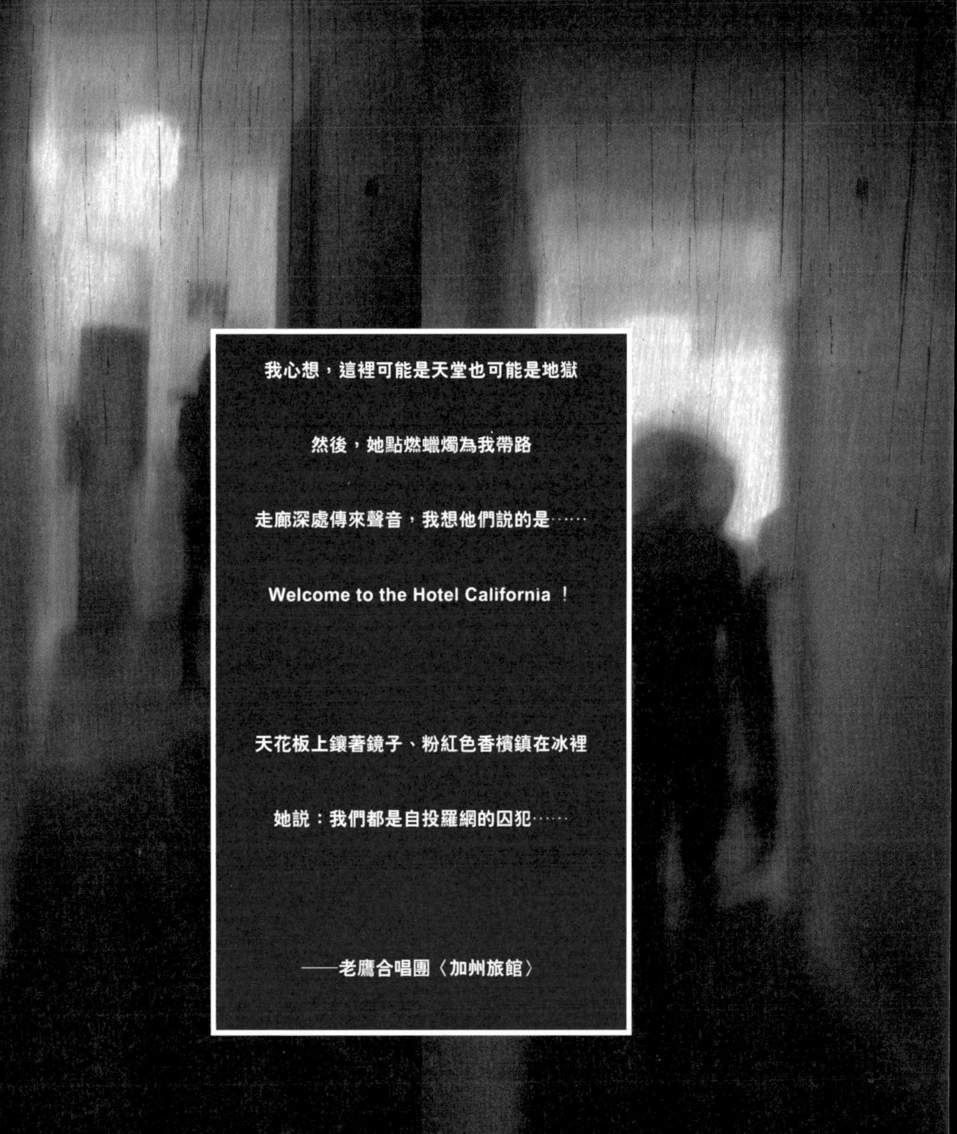

我心想，這裡可能是天堂也可能是地獄

然後，她點燃蠟燭為我帶路

走廊深處傳來聲音，我想他們說的是……

Welcome to the Hotel California ！

天花板上鑲著鏡子、粉紅色香檳鎮在冰裡

她說：我們都是自投羅網的囚犯……

——老鷹合唱團〈加州旅館〉

歲月如此寧靜，

就算時間悄悄流逝也不為人知，

如果在此久待，

一天醒來，

發現自己已白髮蒼蒼，

應該也不足為奇吧！

Ballina

百鬼夜行準備登台 💬

當然這次也有裸體模特兒啦！兩位邀請來的男士再度抹得黑壓壓，戴上巨大玻璃頭罩，活像詭譎的幽靈在此出沒，團員們也再度像上次一樣打扮，古舊的旅舍彷彿百鬼夜巡，有著異形生物、古老藝妓、藍色忍者和穿著像服務生的畫家。

一切就緒後，竟然發生一件事──

下雨了！/////////////////////////////

所有人趕緊搶救在大雨下的樂器，許多東西都淋濕了，我以為再等一會兒就能開始演出，但天公不作美，大雨持續下著，最後大家還是無奈做了決定──取消表演。

於是乎，我們又開了兩個多小時的車回布里斯本。

夜晚沿著山路回家，沒有路燈，只有一個個的反光標誌引導著我們，那段路有些不真實，車子像飛翔於黑夜，看著星星指引我們方向，遠方黑色的山巒起伏，孕育著神秘，我們行駛於廣大的陸地，這個有袋鼠和眾多特有生物的家園。兩個多小時後，才再度回到充滿霓虹燈的璀璨都市，從夢境回到現實。

但我已經累得不像話了，像個爛醉如泥的人，連自己家在哪都不記得。團員把我放下車後還很不放心，但連我自己都搞不清方向，兜了幾圈才回到溫馨的家。

深夜的布里斯本變得如此寧靜，彷彿今天經歷的事只是一場異夢。也許這場如夢似幻的演出，今夜將在我的夢中表演吧！

Extra Show
男孩醉女孩瘋，澳洲的夏日吶喊
Big day out —— Vivi

Scene 3

啤酒、熱褲、搖滾與青春，南半球的夏天怎能如此美好！Big Day Out 就像台灣的野台開唱、春天吶喊般，邀請世界各地的樂團一起參與這趟音樂盛事。越靠近現場，就越能感受熱血的氣氛，有不少車外面漆上嬉皮的圖樣，感覺時光好像回到了六○年代，艷陽高照的夏天，男孩穿著無袖上衣，女孩穿著短到不能再短的熱褲及小可愛，盡情展現自己的青春。

衝出腦海的爆炸麋鹿靈感 💬

雖然是表演樂團，卻不代表會有高級禮車來載我們，我們到了停車場還要自己找車位、付停車錢，自己提著厚重的行李與樂器到後台的小帳棚內。

雖然這次我畫的不是裸體模特兒，而是一個巨大的黑色畫布，但自從加入這個樂團，就一直有肉色出沒；這次邀請的模特兒大方脫掉衣服、展現自信，任人塗滿黑色顏料，一男一女兩位鼓手也是要先把全身塗黑，艷陽高照的夏日，好像每個人身上穿的衣服都嫌多餘了！

儘管天氣炎熱，充滿風格的打扮依然不可缺少。只是轉換成了夏日陽光版，主唱索性不穿他那件綠色大衣了，而是穿內裡的洋裝裙直接表演，我照樣扮成一身黑、戴了特製的面具，遠看就成了個會作畫的隱形黑人。

一上台時腦袋又是一片空白，看著這比我高的畫布，短短四十分鐘能畫什麼呢？一隻爆炸的麋鹿在腦海中浮現，配合高亢的樂曲衝出大家的視線，沒想到團員們還挺喜歡的，就連過了好幾個月我們在阿德雷德見面時，主唱還再度提起這幅畫，也許相逢就是緣分吧！

表演結束，天色還早，大家早已摩拳擦掌要去看其他表演了！

我一直待在後台，不知道場地有多大，等到走出去後，才發現另一片嶄新的世界！巨大的場地內，白色的巨大帳篷在澳

洲的蔚藍天空下映照得閃閃發光，天上還會有附著字條的飛機劃過會場，場內還附有各式各樣的遊樂設施，根本是個縱情玩樂與享受音樂的天堂。會場內年輕的男男女女隨著音樂起舞，毫無拘束的釋放他們的青春熱情。主唱帶著那兩位畫好的裸女，大方的走在街上，立刻如旋風般吸引所有人的目光。

　　不論是表演者或是觀眾，每個人都像醉酒般縱情於歡笑和聲樂中，讓夏日的熱情盡情奔放，而我大概是現場唯一一個亞洲人，還因為表演得穿得一身黑，格格不入地在此地走來走去吧！

　　到了夜晚場地更加熱鬧，四周的燈光亮起，又形成截然不同的景象，主場舞台有著兩倍體育場的空間，舞台前方擠滿了上萬人，正嘶聲力竭地一同歡唱，台上的表演者像是被聖靈附體般渾然忘我地表演，耀眼的燈光照得一片閃爍，好像黑暗宇宙中的太陽繁星，將每個人催眠飛昇，脫離了塵囂的束縛，忘卻了現實的苦痛煩惱，高舉著雙手，隨著音樂吶喊起舞。遠古之時，人類就不忘以詩歌篝火吟唱，如今用著搖滾，拯救一個個欲解脫奔放的心，眼前是如此真實卻虛幻不已，還有什麼比演唱現場更迷人陶醉呢？

Extra Show
繞了澳洲大半圈，
我們仍在阿德雷德相遇——Vivi

Scene 4

當我來到阿德雷德展開新生活多個月後，沒想到有天打開 Email，竟然又接到樂團的表演邀請信了！這時簽證也快到期了，心想這也許是最後一次跟他們演出了，不同的是這次不用自己一人前往，還有許多在此認識的背包客朋友們陪伴我上路。

表演之前，主唱跟我說明這次表演的理念

夥伴重逢，珍惜最後一次同台演出 💬

表演場地位於市區附近的一個酒吧，裡頭有一個小型舞台供樂團表演，在輪到我們表演之前，已經有其他樂團在演出了。

當天仍是表演的壓軸。來到後台時，所有人已經開始準備了，只是這次裸體模特兒不是全黑，而是塗上了全白的顏料，跟我隨行的朋友們開心的在後台拍照，還幫忙我準備，大家都玩得開開心心，把氣氛舒緩了不少。前一場表演結束的主唱來到了後台，原本在台上唱腔頹廢呻吟的他，原來私底下有著熱情的笑容。

終於，輪到我們表演了！當震耳欲聾的鼓聲在耳邊響起，令人情緒激昂的吉他聲與主唱低沉厚實的嗓音貫徹全場時，黑暗的表演空間頓時成了虛空的宇宙，隨著音樂射出的燈光舞台，像蠻荒中的閃電，打在巨大黑暗的畫布上，在視線不清與雙耳顫動的情況下，彷彿只有彩筆刷上畫布的觸感是我與現實的唯一接觸。一筆一畫像遠古人類在岩壁上靠著微弱的火花，記錄自己乍現的靈光，隨著音樂的激盪和觀眾的吶喊搖擺身體，一切又回到作畫時原始純粹的樂趣，有那麼幾回主唱還介紹了我，我卻渾然不知。

表演結束，所有飛昇的靈魂又安全落回地面，一切有如大夢初醒。在收拾舞台之餘，朋友們來到舞台上拍照留念，這次不再是一個人，而有大家相伴，也留下了一場美麗的回憶。

過了幾個月後，我在臉書上看見樂團進軍歐洲。雖然他們是獨立樂團，卻一直鍥而不捨，堅持自己理念，十幾年來默默耕耘著。我佩服他們的毅力，也佩服他們總能將各式各樣的表演想法付諸實行，並且在創作裡表達著對環境和時事的關懷。

每一次的演出，也都是一場挑戰，獲得的也許是批評，也許是更多人的支持，但如果不繼續下去，永遠不知道自己的極限在哪裡。

小提琴手的開演前喝一杯

服務業 · 澳客簡單老闆難纏

Act One

大家都説服務業是錢多事少的輕鬆工作，但是身在非英語系國家的台灣，普遍都有英文不好的狀況；英文不好到底能不能找到服務業性質的工作呢？工作上又會遇到什麼問題呢？

service

service

Service
踹踹免錢試工記，
華人頭家尚愛這味 —— Vivi

Scene 1

試工是華人老闆最愛做的事，簡單來說，便是先試用員工能力，但卻不支薪，短則試用一至二小時，長則一、兩個禮拜都有，也有老闆試工完就把員工趕走了，詐欺成分往往很大，一般來說這類的工作都是黑工，錄用後薪水在八到十塊之間。偏偏我也做過三份試工。

雜貨唬很大，老外也迷中國風 💬

第一份是在布里斯本的華人區賣場，有一間以中國進口商品為主的雜貨店，老闆娘是為豪邁的大陸人，要我第二天來試工。

第一天來時，老闆就叫我擺擺東西，把櫥櫃擦乾淨，我就在店內擺設還搞不清楚的情況下上工，不時就會有客人上前問我什麼東西擺哪裡，有些單字傻傻聽不懂，又不知道老闆娘到底把東西放哪，總覺得有些壓力，但基本上在店裡很輕鬆，工作的內容就是擦擦雜貨店的櫃子、擺放物品。

有時會有澳洲白人進來逛逛，問我有沒有賣八卦陣，或瓷器是不是從上海進口的等等問題。明明店裡都是廉價貨，他們卻對中國有種莫名的異國情調嚮往，好像在這家店裡可以買到稀世珍寶一樣，老闆娘也很會呼攏，管他商品好不好，先賣出去就對了！老闆娘看我做得好好的，對我也沒有太多要求，還跟朋友說我挺勤奮的，但做了一天後就再也沒有下文，打電話過去問，老闆娘也說再看看。其實這種小店，員工根本可有可無，根本是依老闆娘的心情決定要不要雇用。

準時報到還嫌晚？

　　雖然手頭上有些零星的工作，但薪水加加減減也只能把收支打平而已，與其待在家裡不知道要做什麼，寄了許多份履歷又沒消息，就想靠著雙腳在路上掃街，看附近的商圈店家有沒有在徵人。澳洲地廣人稀，不像台灣到處商店林立，走了好一陣子才看到幾個店家或小型的購物中心。就這樣邊走邊投履歷，在街上竟也繞了將近五個小時，好不容易看到一家馬來西亞料理，老闆很爽快地答應我來試工，我也帶了一份菜單回去背。但是第二天準時到餐廳時，大家早已忙成一團，老闆娘竟說我應該一個小時前就要來了！明明就跟昨天說的不一樣啊！看來餐廳的試工，最好開業前一、兩個小時就先來學習，否則餐廳開始營運後，大家就忙得暈頭轉向，根本沒人有閒暇教導我，忙了兩、三個小時，卻覺得老闆沒什麼雇用我的意願，心想還好只是中午幫忙，不是試工一整天！

　　有時想想，其實這些老闆總是抱著「反正先試試再說，就算不錄取也不需要付錢」的心態，請來許多從外地來的背包客、留學生工作。在台灣，就算當工讀生，也還不至於遇到這種占便宜的老闆，即使遇到了還可以想辦法申訴。而大老遠的跑來澳洲做牛做馬，還要忍受這種委屈，難怪很多人打工度假後都不想再回澳洲了！

少了一份工作，多了一位朋友 💬

　　無奈礙於金錢壓力，我又跑去一家咖啡店試工。老闆是一位中國人，在澳洲讀完書後就留下來開了間咖啡店，另外還請一位澳洲女士幫忙弄廚房的東西。老闆先叫我洗碗、收拾碗盤等工作，而我在廚房也遇到一位臺灣背包客，他已經工作了一個多月，因為薪水太低準備走人尋找白工去了，他說老闆之前找來了一些留學生，讓他們試工一、兩個禮拜竟然都沒有付錢！

　　這家店我來了兩天，做了中午幾個小時的工作，老闆也沒再叫我回去上班，倒是那位臺灣背包客聽到我在當街頭藝人，還特地來看我擺攤，兩人互相聊了在澳洲的生活後就分道揚鑣了。巧的是幾個月後，繞了大半個澳洲，竟然又再度見面了！也許我沒有遇到好工作，倒是交了位好朋友，人生的緣分奇妙，在旅程中往往能深刻體會。有人說出外旅行的目的，一個是受感動，一個是交朋友。這也是旅行每每使人上癮、欲罷不能的原因，因為在路途中，永遠不知道下一刻會發生什麼事；有時備感壓力，有時驚險刺激，有時卻會發生意想不到的際遇、遇到令人感動深刻的事物。這樣的經驗，往往不是在平常規律的工作與社會裡所能感受到的，相信在過了好幾十年，甚至當自己白髮蒼蒼時，這些經驗都將從回憶的倉庫中翻找出來，像瓶陳年老酒，能夠細細地品嘗！

Service
蹩 腳 服 務 生
和 快 樂 洗 碗 工 —— Vivi

Scene 2

在澳洲從事勞力性的工作，往往學歷先丟一邊，手腳快慢才是訓練的要點，而用英語溝通更是必需突破的障礙。在布里斯本時，我曾在兩間餐廳工作過，一個是在日本料理店當服務生，一個是在法國兼日本料理的餐廳當洗碗工，明明都是在餐廳工作，待遇卻有天壤之別。

身段放軟手腳要快 💬

在澳洲第一份餐廳工作，便是傳說中時數不多、薪水又低、又不報稅的黑工服務生，但有工作當然先加減做了！而起初的英文障礙，讓這份工作難上加難！澳洲當地人口音難懂外，印度人、越南人、中東人等的英文根本聽攏嘸，常常筷子叉子搞不清楚、十三還是三十搞不懂、點菜不小心點錯、數量不小心算錯等等，把自己搞得雞飛狗跳，外加其他服務生充滿著老鳥心態，頤指氣使是常有的事，除了忍氣吞聲外，就是多問、多學、把菜單背熟，並盡快把每個程序弄懂，還

窗外的美景，
總能享受不同的寧靜與美麗

好廚師們都很友善，其中不乏台灣、香港的廚師，語言相通，也可以互相照應，老闆個性也相當好，工作完後都會免費供餐，有時也會請飲料，遇到節慶時還會請廚師煮一頓好吃的料理犒賞大家。

而工作內容除了點菜、端茶水外，還要迅速地收拾厚重的磁器碗盤、擦桌子，稍微不小心就有可能把盤子砸了一地。

忙碌的時候，餐廳裡外都坐滿了客人，動作要迅速外，還要小心不被茶水、湯類燙傷。有次不小心把味噌湯潑了滿手，忍著痛繼續工作，後來才發現手臂又紅又痛，還好餐廳備有燙傷藥，沒造成什麼傷害。

日子久了，時數也慢慢變長，熟悉工作內容也能得心應手，看來這類忍辱負重的工作，也是背包客們必經的一課吧！

高級洗碗工，勤練英文面試不馬虎 💬

另一個洗碗的工作，同樣是上網投履歷得到的。面試之前，我還不斷地練習英文自我介紹，結果面試時，老闆直接問我：「請你介紹你自己吧！」我便一骨碌地把剛剛練習的內容說出，連自己都不知道在講什麼了，原本以為沒希望時，老闆竟然說我被錄取了！但對方希望能雇用長期服務生，在聽到我是背包客後，便開始猶豫，後來因為我自告奮勇說可以在廚房工作，就讓他安排我當洗碗工。

服務的地方是間高級餐廳，碗盤都長得充滿藝術感又奇形怪狀，既重又不好洗，外加廚房內的鍋碗瓢盆，洗起盤子來跟打仗沒什麼兩樣！一忙碌時，盤子餐具像土石流般堆積到地上、腳邊，而洗碗的順序是用菜瓜布刷過、沖洗、放進洗碗機、再用布擦乾、分門別類疊好、放回它原本的位置。

洗盤子都是熱水，也要小心不被燙到、或是被吃剩的骨頭、蝦殼傷到。明明戴著手套洗碗，髒水還是會灌進手套裡，水花也不時會濺溼衣服、噴髒臉。剛開始時還真的挺累人的，但和同事相處久後，才發現這是一個溫馨的廚房，有位美國男孩和日本女生跟我一樣是背包客。美國男孩來自加州，有著菲律賓血統，不但

會講英文也會講西班牙文，二十出頭的年紀決定不念完大學，先出來闖盪再說，雖然自己算是半個黑人，但他常教我們一些罵黑人的髒話和玩笑；而日本女孩自己家裡就是開餐廳，已經有十年的相關工作經驗了！餐廳的日本料理多由她處理，她的招牌笑聲和爽朗個性很有關西人的感覺，但一工作起來，敬業的態度總是讓人佩服。這裡還有在澳洲讀書就業的韓國人、幽默風趣的菲律賓裔老先生，也有來澳洲念書的台灣人。

雖然工作忙碌，大家也會彼此鼓勵，而那些賣不完的甜點、食材，也常常進到我們的肚子裡。甚至被服務生收拾回來、沒有動過的餅乾、薯條、甜點等，也會十分環保地被大家瓜分掉。日子過久了，我才發現自己的職位是幸福的。廚房工作真是一點也不輕鬆啊！廚師們幾個禮拜就要開始想新菜色，同事之間也會有難以溝通的衝突，但同樣是在餐廳工作，服務生工作辭職離開時，有種如釋負重的感覺；另一個洗碗工作則是依依不捨，希望曲終人散後，還能在世界的角落裡相遇！

Service
雪山旅館房務員
（淘寶客）—— Lewis

Scene 3

我在雪山的工作是 Housekeeper，主要工作內容是整理房間以及打掃公共區域。因為是在淡季開始工作的關係，所以員工比較少，只有老闆、老闆娘、兩個經理、一對澳洲情侶、Angela 和我，總共八個人，除了 Angela 和我之外，都是澳洲人；彼此有工作或是生活上的問題，我們都得想辦法用英文溝通，雖然一開始有點吃力，但是大家都十分的友善而且有耐心，讓我們順利的適應，而我們的英文程度也是從這時候開始有明顯的進步。在澳洲不是每個人都願意跟英文不好的人說話，有人會覺得很麻煩就不想理我們，也有人很喜歡跟我們聊天，甚至會教導我們，所以遇到不搭理我們的人，不要灰心，也不要覺得被歧視，只是那些人比較不熱情而已，只要多找幾個人，一定會找到願意和我們聊天的人。

雪山上的溫度比較低，所以每間房間都有電暖爐，而有些客廳還會有壁爐

看來乾淨很簡單，真正乾淨很困難 💬

其實 Housekeeper 的工作可以很輕鬆，也可以很累，輕鬆的做法就是把看到的髒汙清理乾淨，很累的做法就是不管有沒有髒，把全部該清理的地方都清理一次。我工作的地方是公寓式旅館，除了臥室之外還有廚房、客廳以及洗衣間。幫我們做教育訓練的經理 Justin 非常的用心，幾乎把所有該清理的地方都擦了一遍。在浴室的時候會把每一塊胸口以下的磁磚、玻璃都刷過一遍；在臥室的時候會把每一個衣櫥和櫃子都擦過一遍；在廚房的時候甚至會把每個玻璃杯和鍋子都擦亮，在 Justin 示範到一半的時候，另外一個經理 Shirley 還跑進來問他怎麼這麼久還沒結束，Justin 就說他要讓我們了解最完整的流程，所以才多花了一點時間。

當我們第一次整理房間的時候，完全依照 Justin 的步驟來做，最後竟然把 Justin 給嚇了一跳——因為我們的速度太慢了！記得第一天 Angela 和我只有整理了三間房間。在一個星期後，我們也慢慢的上手了，一天大概可以整理五間房間，這時候另一個同事 Chelsea 也加入了我們的清潔小隊，順便告訴我們一個晴天霹靂的消息——三人一組的標準是一天整理十間房間，還好 Chelsea 的速度真的很快，而且我們藉此得到了一些「啟發」，忙的時候就先把髒的地方清乾淨就好，有空的時候再好好地把整間房間都打掃乾淨，所以在幾天過後，我們三個人也達到了一天整理十間房間的標準。

因為這是第一次做 Housekeeper，所以從一開始要很努力的依照 Justin 經理的做法去執行，而 Justin 也說「做到看起來乾淨很簡單，但是做到真正的乾淨很困難」。所以我一直都很努力的把房間整理到真正的乾淨，這樣做的結果卻變成自己累得半死，多花了很多時間與體力，造成速度太慢被老闆嫌得要死。所以我了解到老闆的需求雖然是要我們又快又好，但是速度的重要性又比乾淨來的高，後來就懂得先把看得到的地方清理乾淨，有時間的話再處理那些客人比較會忽略的細節。這樣讓我的速度提高了很多，也達到了老闆的要求。

劈柴也是我們的工作之一

你丟我撿無影手 💬

冬天開始之後，Housekeeper的工作也變得忙碌起來，每到星期五和星期日總是有大量的房間在等著我們清理，雖然工作變得忙碌，但是我們的「福利」也變多了。在Thredbo鎮上只有一間小型的超市可以購物，不但選擇少，而且價格高，所以很多有經驗的客人都會從山下就買好一車再上來。在Check-in的時候，就會看到很多人好像在搬家一樣，搬了很多行李和食物進房，但是當他們Check-out的時候，都會把剩下的食物留在房間，這些食物就是我們的福利啦！有時候還會撿到沒開過的餅乾、飲料、酒或是一些沒用過的食材，甚至是客人不要的衣服或滑雪裝備。

記得有一次一群大學生來這邊度假，就有一台小巴裝滿了啤酒，結果他們離開的時候竟然留下了兩箱沒喝的啤酒，但也留下了我們看過最髒亂的房間。不過有時候也要問一下這些東西是不是客人忘記拿的，有一次我撿到了一雙很普通的靴子，本來想說這應該是客人不要了，結果客人離開了兩個小時發現後，竟然還回來拿這雙靴子，還好我沒把它丟掉，不然就糗大了。

打工客小劇場

我要員工價
Comic ／ Vivi

有一次我在雪山上生病了，工作時覺得很不舒服，就去跟老闆請假......

老闆，我生病了，可是看醫生好貴啊...

沒問題的！記得穿制服，然後跟醫生說你在這邊工作後，他會算你員工價！

把你的屍體運回去更貴

真的嗎？

So....

醫生我感冒了，對了我是滑雪場左邊數來第三間右邊左轉那間旅館的清潔工喔！

拜託給我員工價！

Well.....
我看得出來你是清潔工....

Service

漢堡不難做
但經理很難懂 —— Lewis

Scene 4

在西北澳主要道路上有很多小鎮，因為地處偏遠加上人口較少的關係，所以有比較多服務業的工作機會，不過生活機能就沒有大城市那麼好，我們在朋友的介紹以及幫忙之下，來到了西北澳一個小鎮 South Hedland 的麥當勞工作。

做不完的堡炸不完的雞和記不完的過？💬

麥當勞的工作職缺只有兩種：前檯和廚房。前檯的工作就是幫客人點餐和送餐；廚房的工作就是準備客人的餐點。我們一來就被經理給分配到廚房工作去了。廚房的工作並沒有很難，只要記住相關的程序，依照內部的 SOP 去做，很快就能被訓練成一個合格的製堡人員。相信只要有在麥當勞工作過，或是吃過麥當勞的人就會知道，漢堡裡面只是夾了幾塊肉和蔬菜，製作的方法一點都不難，所以這工作應該是輕鬆又簡單吧？當然不是！因為鎮上的餐廳沒有很多，所以每每到了用餐和下班時刻，總是有做不完的漢堡在等著我們，而且還發生過客人外帶五十個漢堡或是三十份炸雞的狀況；一忙起來就是兩、三個小時持續的在煎肉、做漢堡、炸雞塊和炸雞翅，但是經理卻不太會安排班表，常常發生忙的時候人手不夠，閒的時候人太多的狀況。

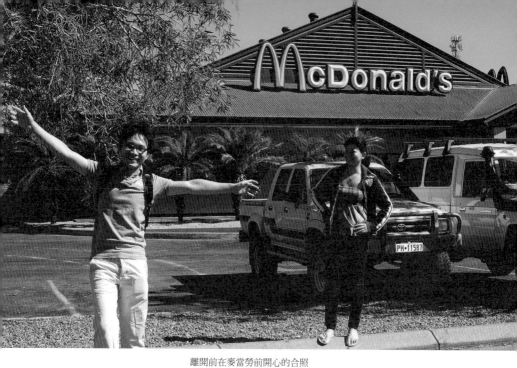

離開前在麥當勞前開心的合照

麥當勞的員工宿舍，大部分都是台灣人，所以感情還不錯，這是聖誕節交換禮物的活動

　　工作一段時間後，也和經理發生了一些不愉快的事情。第一次是發生在 Angela 身上。在工作的時候，我們偶爾會去汽水機裝飲料來喝，剛開始都會先問過經理，但有好幾次看到同事沒有事先徵詢經理就去倒飲料了，所以有次 Angela 也直接去裝飲料，經理 Solomon 看到後就問她：「你有問過我嗎？」Angela 回答：「沒有。」Solomon 就說要記她警告，Angela 很生氣地和他吵了起來，把飲料還給他之後就繼續回去工作。原本以為事情就這樣結束了，沒想到下班之後，Angela 就被權力最大的經理 Ricky 叫進辦公室講了好久，雖然 Ricky 人滿好的，安慰了 Angela 一下，但最後還是給了她一張警告單。

　　第二次是我和 Angela 遲到三分鐘，剛好被經理 Martha 看到，就要求我們應該要提早三十分鐘在這邊等上班才對。幾天過後，我們遲到了一分鐘，好死不死地又被 Martha 看到。結果他為了這一分鐘，又記了我們一次警告。我們非常不滿地找 Ricky 申訴，因為有很多人經常遲到半小時、甚至一小時，都沒被記警告，為什麼我們只是遲到一分鐘就被記警告了？雖然 Ricky 說，他會私下把警告撤掉，但還是要求我們尊重 Martha，先接受這張警告單。我們雖不滿，但為了不讓 Ricky 太難為，還是只能接受這樣的安排。

　　第三件事情，是發生在 Ruth 和 Nancy 身上，他們因為還有兼職工作，有次時間上沒辦法配合，所以事前跟排班經理 Joseph 和其他的同事商量好調班的事。調班當天，Ruth 和 Nancy 擔心值班經理 Ray 不清楚這件事，上班前還特別過去告知 Ray，沒想到Ray 竟然不答應他們調班，還說：「如果等一下不能上班的話就開除你們！」Ruth 和 Nancy 感到很不合理，所以就這樣離職了。經過這些事情，再加上我們很不滿意 Joseph 幫我們排的班表，反應後也不見改善，所以兩星期之後我和 Angela 也離開了這份工作。

Service
加油站跑單追車大作戰 —— Lewis

Scene 5

澳洲的加油站大多是和便利商店在一起營業的，而且大部分都是自助式的，在外面的加油站加完油之後，再到店內結帳，只有少部分非常舊的加油站，因為內外沒有連線的關係，才會有人幫你加油順便結帳。我們在加油站的工作是收銀員，然後平常還要幫忙補貨。本來以為是一份非常輕鬆的工作，沒想到卻沒有表面上看到的那麼簡單。

站住！別跑！還沒付錢啊！💬

雖然澳洲人大多是誠實有信用的，但是在這個偏遠的小鎮，還是有少部分人在加油後，沒付錢就直接離開了，或是進來商店買飲料之後，竟然忘記自己有加油，只付了飲料錢就走了，這種狀況就叫作跑單 (Drive Off)。在發生過幾次跑單的事件之後，每次只要加油的車輛大於三台，我們就會很緊張地盯著外面，但還是會發生客人沒付錢就離開的狀況，還好我們很注意外面的風吹草動，只要沒付錢的車子一開走，我們就會趕快追出去。還好有追回幾次，才沒有因為跑單太多而被經理開除。

Come Back!!!

　　另外鎮上有很多阿保 (Aborigine，澳洲原住民簡稱)，不但有時加油沒付錢，還會有在店內偷竊、甚或在鎮上騷擾行人的事情發生。有次在店內有一個阿保還跟我們拿了一個塑膠袋，然後趁不注意的時候，從旁邊的保溫櫃中裝了滿滿的肉派就跑出去了。還好我們覺得奇怪，追出去跟他確認之後，他才推託說忘記付錢了。另外常常有一大群的阿保進來買東西，大多是三、四個大人帶著五、六個小孩進來，不但把店內弄得亂七八糟，而且後來盤點的時候發現少了一些玩具和糖果，經理查看監視器才發現是阿保的小孩趁著人多，偷偷多拿了幾個放在口袋裡面。還有朋友當場抓到阿保偷東西，和他扭打了起來。但是我覺得東西被偷事小，自己受傷就不好了，最好還是以和平的方式解決問題才好。後來雖然還是有遇過一、兩個人還不錯的阿保，但是在阿保多的城鎮，還是要自己多加小心注意。

冷凍庫清出來的碎冰，被我拿來堆雪人

附近釣魚的人很多，我們連漁網也賣

Service

假日時薪加倍，
不加班對不起自己啊——Lewis

Scene 6

在西北澳工作的時候，因為沒有什麼休閒娛樂的活動，放假的時候只能睡覺、看影片或是去朋友家串門子，所以就興起了找第二份工作的念頭。在四處投履歷之後，我們很快就得到了超市 Coles 的面試機會。面試的時候，經理告訴我們，Angela 應該會被分配到 Bakery 部門，而我是去 Deli 部門。Deli 的工作主要是幫客人分裝魚類、肉類、海鮮和沙拉等食材，另外還有準備烤雞和肉串等熟食。Bakery 的工作則是做麵包、吐司，然後分裝、上架，相較起來輕鬆很多。確定錄取之後，沒想到恰好相反……Angela 被分配到了 Deli 部門，我則是去了 Bakery 部門。

搬個麵團要先過五關斬六將 💬

本來我還暗自竊喜，以為自己的運氣比較好，實際工作之後才明白我被分配到 Bakery 的原因。我的工作內容只有兩項：一是將冷凍麵團分裝到吐司的模具內、二是將外面廠商製作的吐司上架。冷凍麵團固定每兩、三天會送達超市裡的冷凍庫，但是冷凍庫是由四個部門共同使用的，其他部門的人常常都把貨物弄得亂七八糟就算了，還老是把我們擺放材料的棧板移到最裡面去，造成取貨的不便——我們得先花費很大的力氣來調整、移動棧板，再加上冷凍櫃裡面很冷，雖有防寒外套可以穿，手還是常常凍僵。在裡面待太久真的不好受。記得有個連續假期，超市進了比平常多的貨，把整個冷凍庫都堆滿了，結果我需要的冷凍麵糰竟然在冷凍庫的最深處。研究了很久之後，發現要移動棧板是個大工程，只好放棄這個辦法，直接在貨物間的縫隙裡穿梭，折騰了30 多分鐘才把冷凍麵糰搬出來。所以在冷凍庫搬貨真的是一個很需要體力的工作。

我的另一個職責，是每天把廠商送來的吐司上架，這就比較輕鬆了，只是主管希望我盡量把吐司全擺上架，不要留在倉庫裡，所以每次我都很煩惱，要很努力的把貨架塞到一點空間都不剩。

跟聊天大王上班，眼看時間被偷竊 💬

　　Angela 一開始在 Deli 部門工作就遇到了困難——聽不懂客人要的品項，必須客人直接指出需要的東西。在經過了兩星期的工作，把魚類、肉類、海鮮和沙拉等英文單字都記起來之後，面對客人就輕鬆了許多。但此時也浮現了其他的問題……

　　當初教育訓練的時候，主管特別要求要一對一的服務，而且不可以讓客人等太久，如果有兩位以上的客人在等，就要找夥伴來幫忙。而 Angela 的工作是從下午開始，直到晚上關門，並負責收尾，把檯面上的食材收到冷藏庫裡，並將所有用過的器具都清潔乾淨才能下班。但 Angela 的搭檔 Scott，工作時不但常和客人聊天，拉長了服務客人的時間，而且在關店前半個小時、Angela 開始清烤雞架時，他還是常和客人聊天，如果有客人在等，就會把 Angela 叫出來服務客人，延誤了清理的時間。加上他收尾的速度很慢，理論上應該要在關門後半小時結束工作的，結果常常拖到關門後一個多小時才能下班。最後 Angela 實在是受不了了，和經理與 Scott 談了很多次後，他才沒有一直叫 Angela 出來幫忙。

　　所以遇到問題的時候，一定要向主管和同事反應，雖然不一定會得到改善，但至少可以讓主管知道我們有比其他人多做一些事，也會讓主管對我們的印象比較好。

? 賺錢撇步：
把握 Public Holiday Pay 時段　　　　　　*Know How*

在 Coles 超市上班還有一個好處——國定假日薪水 (Public Holiday Pay) 有 54 元，是平常薪水的兩倍以上。在我們要結束工作的前三個星期，又遇到了國定假日，Angela 很想在那天多工作一些，就問經理能不能在那天增加她的時數。因為 Deli 部門缺人，加上澳洲人不喜歡在假日上班的關係，經理馬上就答應她的要求。如果以後上班的地方有國定假日薪水的話，一定也要試著爭取看看呀！

W O R K I N G
H O L I D A Y !

Service
背包客棧黑執事，
我在垃圾堆換宿的日子——Vivi

Scene 7

抵達阿德雷德時，我剛好結束一個多月的東澳旅行，看著銀行為數不多的盤纏，二話不說就在網路上找了間房價最便宜的 Backpacker，當 Check-in 的時候才知道⋯⋯我竟然住在阿德雷德的夜店街上！但是傻傻的也沒想太多，就這樣搬到一間男女混住的六人房。為了因應最佳省錢措施，就去找老闆要求做交換食宿，沒想到老闆爽朗的答應了。工作內容也很簡單——用吸塵器刷刷走廊、掃一掃廁所浴室，然後把廚房給清理乾淨，下午的時間就是我的啦！

客人員工聯手造豬窩？ 💬

　　但當我輕鬆地掃完走廊，看到那像第三次世界大戰炸過的廚房後，就開始猶豫要不要幹這種傻事——桌子和流理台到處都是菜渣醬料，洗碗槽內也堆滿了前晚留下來的鍋碗瓢盆刀具餐具，感覺自己真是當了一窩成年人的管家呀！還好廁所浴室算在乾淨範圍內，不知道是不是外國人不愛洗澡的關係……

　　因為當了正式（？）員工，房間也從男女混住的六人房升級到員工房。我本來以為會有 VIP 單人房待遇，結果是一間更窄小的四人房，還位在大馬路旁，白天外頭播放著流行樂曲，夜晚則有酒醉的少男少女在外鬼吼鬼叫。

　　第一天提著行李進房時，就看到一位金髮美女在房間，而她的物品就像有顆原子彈從行李箱裡面炸開一般，所有的衣服、個人物品，甚至還有布娃娃，都以床為中心，四散到地面上。看到有人東西可以亂成這樣，我真想叫我爸媽來看看，就知道我的房間真是整齊清潔、窗明几淨、一塵不染了。還好我的床在上鋪，從床上一往下看，就有如乘坐在亞馬遜河流域的木筏上，船邊有著各種驚人的漂流物在河面上載浮載沉著。但是金髮美女個性開朗，175 公分的高挑外型卻像個孩子般，老光著腳到處跑來跑去的。她負責 Backpacker 裡附設的小咖啡店，當她告訴我自己快要搬走時，邊收行李還邊苦惱著東西怎麼那麼多……

　　沒想到才住幾天後，我就找到新工作，馬上要搬到鄉下去了，原本以為離職會遇到困難，結果老闆不但爽快答應，還外加滿滿的祝福。看來老闆早就對來來去去的背包客習以為常了！這樣莫名卻又隨性的生活，有些啼笑皆非，但不知為何回憶起來，卻總是讓人想念不已呀！

慘不忍睹啊！

02

Gap Year in Australia

度假，
這樣玩才精彩

澳洲是世界第六大的國家
面積是台灣的兩百多倍，好玩的太多
就讓我們來推薦你一定要收集到手的景點吧

烏魯魯 ULURU

大木桶
&Coober Pedy

大雨鞋

凱恩斯 (大堡礁)

摩頓島

風之谷

Alice Spring

大酒瓶

藍山‧三姐妹岩

北史翠布魯克島

尖峰石陣

莫瑞橋

大香蕉

Hans Heysen-The Cedars

大龍蝦

大木馬

大黃金吉他

墨爾本

Adelaide St kilda playgroun

搖籃山

Travel
尖叫吧！
唯美藍山╳傾斜 52 度角纜車

Scene 1

🦘 **雪梨 • 藍山 (Blue Mountains)**

地址／ Blue Mountains National Park,Sydney
出發／從雪梨市中心搭火車到 Katoomba 火車站，再步行或搭公車到 Echo Point
網站／ www.bluemts.com.au

雪梨平凡的早晨，中央車站裡充滿著西裝筆挺的上班族，讓我一個背包客感覺格格不入。跳上雙層火車，選了一個靠窗的位置後，火車漸漸啟動了。沿途的景色從城市轉變為鄉村，原本客滿的人潮也變得清淡許多，剩下的旅客目標都跟我一致，準備去藍山吧！

被藍色薄霧暈染的山巒 ★

搭乘了將近兩個小時，終於到了山城 Katoomba，古典優美的小鎮，到處是可愛的商店與咖啡廳，據說從火車站走到藍山的距離並不遠，我就邊逛街邊走向目的地。一路上風光明媚，慢慢地，兩旁的商店變為美麗雅緻的歐式住宅，有時看到小貓小狗在庭院外曬太陽，覺得住在藍山的住戶真是幸福啊！還在欽羨之時，忽然發現前方出現了一個巨大的好漢坡，天啊！我幹嘛不搭公車？一路上前無路人後無來車，人生只好繼續前進了。走了一段時間，發現前面有兩個西方少年，看起來也是要徒步走去藍山的，我就假裝沒事地偷偷跟在後面。穿越了好漢坡，拐了幾個彎，一切竟豁然開朗，山巒美景頓時出現在眼前，三步併作兩步越過人潮，站在觀景台上，藍山壯闊的美景馬上映入眼簾，因尤加利樹在陽光照射後產生的藍色霧氣，把一層層的山巒染成了深藍色，而著名的三姐妹岩石就矗立在左方。

CHECK！
三姊妹岩

讓尖叫響遍山谷的傾斜纜車 ★

此行的目的不只是欣賞藍山的美景，更要去搭乘傳說中傾斜52度角的纜車 Railway。

纜車有平行移動的 Skyway、由下而上的 Cableway，以及刺激的 Railway 三種類型。在山中健行時，就能聽到遠方傳來驚人的尖叫聲，好像在搭雲霄飛車似的。

Railway 其實比較像小型列車，座位像海盜船般一排一排的。我搭到的是改建之前的版本，只有簡單的桿子壓住腳防止人飛出去，上方雖有鐵網罩住，但我就坐在最旁邊，身旁連護欄都沒有，待會兒應該不會掉到外面去吧！

列車開始前，還會先放印地安納瓊斯的主題曲，車上的一群小孩未演先尖叫，把大家搞得緊張兮兮的。終於，列車開始啟動了，筆直地往山底下衝！當列車來到最傾斜的軌道時，整個人簡直像是站直了身體，好像要飛了出去一般，但儘管刺激卻還不到嚇破膽的程度。大人的笑聲伴隨小孩的尖叫，不知不覺就坐到山腳下了！

CHECK！
纜車三連發！

誤闖瀑布祕境 ★

　　纜車結束後，我便邁入山中小徑，想要尋找瀑布「Wentworth Falls」，四周只剩蟲鳴鳥叫，樹林中充滿原始的神祕與寧靜，偶爾遇到幾名遊客，總是不忘推薦說瀑布很棒一定要去。

　　登山過程中走錯好幾條路，還看到像雉雞的鳥媽媽和小鳥躲在樹林裡，偶爾在樹林的縫隙中，看到瀑布就在前方，映射出優美的彩虹。繼續攀爬一段路後，瀑布終於出現在面前了！

　　瀑布由山嶺一路傾瀉而下，站在棕色的岩壁上，抬頭看水花飛濺，而前方的藍山美景更是一覽無遺。就在此時，一隻優美的葵花鳳頭鸚鵡飛了過來，優雅的白色身軀停在岩石的尾端悠閒地喝水，頓時吸引所有遊人的目光，就在大家沉浸於大自然的美好、紛紛拿起相機拍下這難得的景色時，那隻鸚鵡突然很難聽地「嘎——」叫了一聲，天啊！鸚鵡先生，你還真是不能出聲呀！

　　儘管那沙啞又難聽的叫聲破了功，鸚鵡還是優美地展開白色雙翅，飛向藍山廣闊的樹林裡。

鸚鵡與壯闊的藍山美景

CHECK！
美麗的瀑布傾瀉而下

在瀑布旁享受完森林浴後，也該是回家的時候了。路上經過公園時，我看到一群人在這悠閒地烤肉、玩橄欖球，路旁的小溪還有鴨子在游泳，黃昏的金色陽光揮灑而下，讓人有種誤闖桃花源的感覺。真想永遠住在這裡啊！

傍晚的回程火車上，只剩下零星的旅客，窗外下起小雨，昏黃的路燈點綴在道路上，偶爾看到幾個當地人坐上火車，往市區前進。對他們來說，每天搭上火車通勤是件微不足道的事情吧！藍山的美景更是唾手可得，但對我們這些外地人而言，下次再搭上這班火車不知道會是何時了！這次離開後，就讓藍山的美景化在腦海，在回憶中相見吧！

Travel
背包客必朝聖的
雪梨跨年煙火

Scene 2

🔖 **雪梨 • 麥考利夫人石椅 (Mrs Macquarie's Chair)**
地址／Mrs Macquaries Rd, Sydney NSW 2000
出發／搭地鐵到 St James Station，然後走路到 Royal Botanic Garden 入口，
就可以開始排隊了
網站／www.sydneynewyearseve.com/vantage-points/mrs-macquaries-point
（內有推薦其他看煙火的地點）

來雪梨最重要的事情就是要跨年啦！本來以為只要在 12 月
31 日晚上再去排隊就好了，沒想到 Ruth 和 Nancy 說要進
去麥考利夫人石椅 (Mrs. Macquarie's Chair) 看煙火，但是有兩萬人
的名額限制，所以她們計畫在 12 月 30 日晚上九點就要去排隊了。

東方領先組拚勁十足，草地野睡 ★

　　YHA 的住宿是我們在七月就訂
好的，有計畫要去雪梨跨年的朋友
可以提早做準備，不然到時候會比
較不好找住宿的地方。我們想說晚
上去排隊的話就浪費一晚的住宿費
了，但是不提早去排隊的話又怕占
不到好位置，結果在衡量之下還是
決定前一晚就去排隊。

　　抵達的時候，排隊的人潮已經擠
滿了欄杆內的區域，我們剛好在欄
杆最外圍，也算是在領先集團之
中。而且大部分都是東方臉孔，還

還不是火車車廂，而是房間唷
很開心看到我們住的 Railway Square YHA 裡有臺灣國旗

有很多臺灣人在裡面呢！一開始大家還很開心的在聊天，過不久都漸漸有了睏意，鋪了毛巾在地上、拉起羽絨衣就開始補眠了。雖然已經是夏天了，但是晚上睡在草地上還是有點寒意，而且半夜醒來的時候發現羽絨衣上都是露水，所以想要提前去排隊的朋友還是要帶著保暖衣物，不然很可能睡到一半就被冷醒囉！

欄杆內就是領先組啦，
這些人至少都排了 20 小時以上

衝刺組卡位必勝技，連記者也採訪 ★

被太陽公公叫醒之後，由於排隊的草地四周完全都沒有遮蔽物，被曬到沒辦法入眠，只好起來聊天打牌，不小心回頭一看才發現我已經找不到隊伍的盡頭了，而且有時候還會看到有人因為插隊而起了糾紛，可見外國人還是有部分不守規矩。

等了好久之後終於要準備做安檢進場了，入口的保全會先檢查有沒有帶酒或是開封過的飲料，這時候我就很佩服 Ruth 和 Nancy 了，因為他們準備得十分周全，不但在前一天就去現場勘查，找到了一個視野佳、無日曬的絕佳好位置，而且用行李箱裝了食物、水和摺疊椅，要進場的時候還分配了衝刺的占位組和扛行李組，任務分配的非常好，所以我們也派了 Will 加入了他們的衝刺組。時間一到，衝刺組因為沒有行李，很快就通過安檢起跑了，這時候有記者看到 Angela 和 Ruth 扛著行李箱，還特別訪問了他們，所以想上電視的朋友記得帶一個大行李箱，相信有很大的機率會吸引到記者的目光。

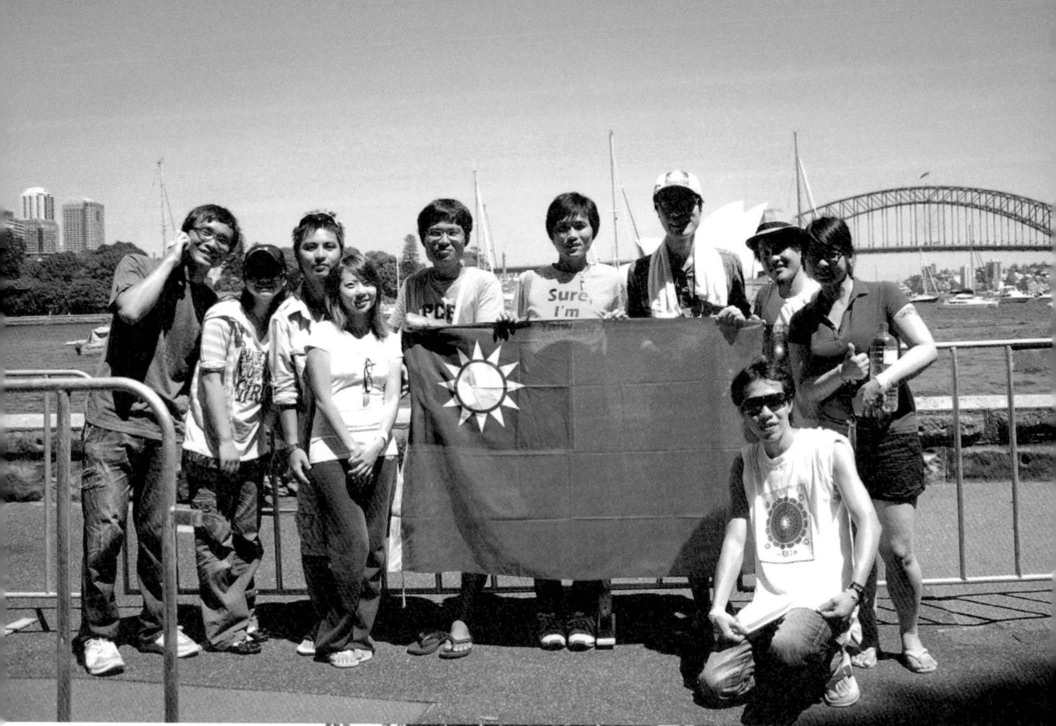
Sure,
I'm
PCE

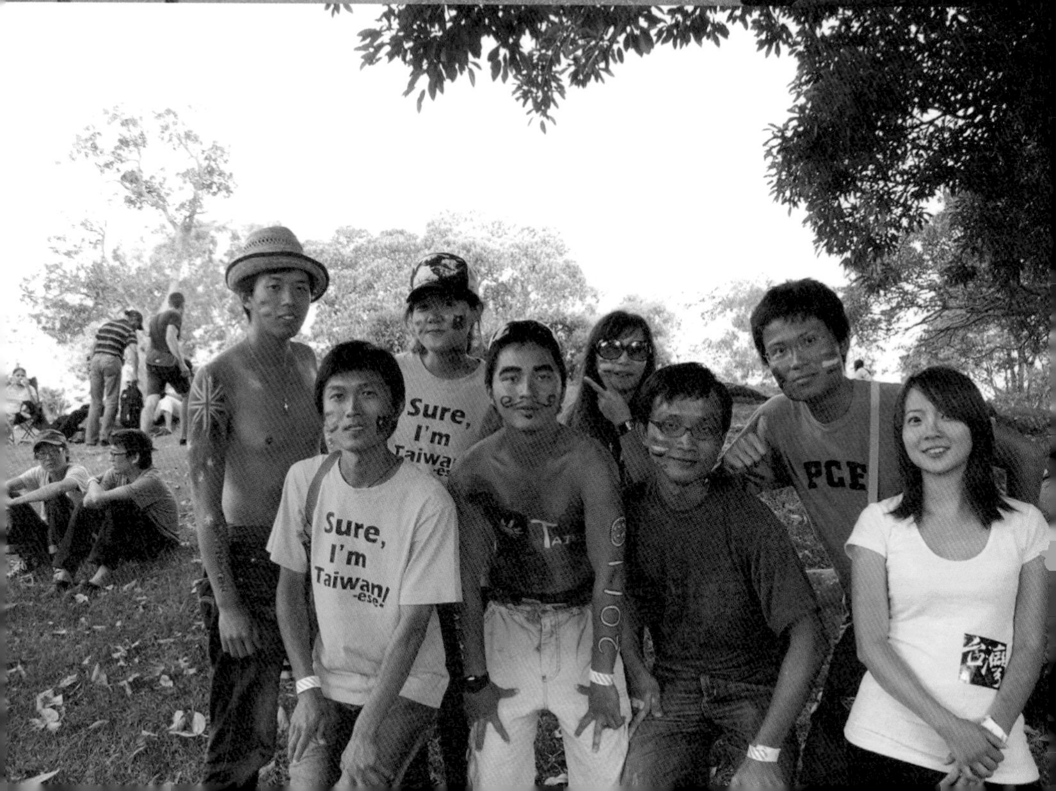
Sure,
I'm
Taiwan!
-ese
PCE
2012

四面八方背包客齊湧雪梨跨年 ★

占到位置之後，就輕鬆了很多，只要派人輪流在據點看守，不要讓別人趁機偷走我們的位置或是行李就好了，其他人就可以到處去晃晃了。雪梨跨年對背包客來說是很重要的活動，幾乎是每個人來澳洲一定要做的事情之一，所以在這一天你會遇到很多之前認識的朋友。我也到處閒逛，四處找朋友相認；也跟朋友要了國旗刺青貼紙貼在臉上，還有朋友用迷彩筆在上半身塗了雪梨歌劇院和臺灣的圖案，或是在手臂上畫了臺灣國旗。這一天也是我在澳洲看到最多國旗的一天，很多臺灣背包客都用行動讓別人一眼就知道「我是臺灣人」。

到處都是準備看煙火的人潮，可以看到臺灣人還把國旗拿出來占位置了，
還有很多外國人在做日光浴

22 小時的等待，值得！ ★

　　到了九點的時候，煙火第一次施放，算是幫大家熱身，讓觀眾知道快跨年囉！好不容易終於等到了十二點，橋上的圖案終於開始倒數了，每個人都大聲的喊出來，用力的把今年的最後十秒鐘趕走。十五分鐘的煙火秀真的很精采壯觀，而且搭配著雪梨歌劇院和雪梨港灣大橋，有著濃厚的澳洲氛圍，加上周圍那些背包客的瘋狂吶喊，我想這 22 小時的等待，真是值得了！

　　雖然還有其他適合跨年看煙火的景點，也有不用排隊等待的位置，但麥考利夫人石椅無疑是最著名、人人皆知的最佳景點，所以也會有最多的朋友在這裡陪你一起倒數跨年。如果能再來一次，我相信我還是會選擇這 22 小時的等待！

連遊艇都在河上卡位了

Travel
神祕好玩的大人國遊樂場

🦘 阿德雷德 • St Kilda Adventure Playground
地址／Fooks Terrace St Kilda SA 5110
出發／從阿德雷德市中心開車前往，約 40 分鐘後到達

位於阿德雷德西北方有個神祕又好玩的戶外遊樂場，雖然跟墨爾本著名的 St Kilda 海邊同名，卻沒有華麗的摩天輪、刺激的雲霄飛車、旋轉木馬等等。事實上，它的遊樂設施不消耗半點電力。那……到底是什麼鬼東西咧？

夜探無人遊樂園 ★

有鑑於在阿德雷德待得夠久了，該玩一玩當地人才會去的好地方，充滿好奇心的我們，什麼時間不選，竟然挑了個三更半夜才來，還在馬路上鬼打牆一陣才找到這裡。

原來，這個遊樂園是什麼東西都大！

有超大超長的溜滑梯！

超大蹺蹺板！

超大盪鞦韆！

就像來到大人國一樣，我們五歲的童心全跑了出來，玩得不亦樂乎。因為第一次來時，天色全暗，伸手不見五指的情況下反而更加驚險有趣，從深不見底的超長溜滑梯滑了下來，又跑到迷宮裡探險。

就在我們玩得興高采烈時，突然看見遠方的城堡上閃爍著燈光，接著傳出驚人的咆哮聲！不知對方是鬼是人，是流浪漢還是殺人兇手，我們越想越危險，急急忙忙跑回車上。邊開溜還邊自我吐槽說，幹嘛選了個奇怪的時間跑來這邊。後來，我們選在下午來一探究竟，也終於看清楚遊樂園的廬山真面目。原來，美麗

的遊樂園就蓋在海濱旁，金色的陽光灑在巨型遊樂器材上，大人小孩的嬉笑聲不絕於耳，每個人來到這裡，不管是壯漢還是美女，都會突然放棄形象，瘋瘋癲癲玩了起來！累了，便去海邊看著夕陽西下、水鳥成群覓食。海邊總是帶著祥和與靜謐，沒有高樓大廈阻擋，沒有夜市攤販，大地與天際連成一片，到處是唾手可得的美麗風景。伴隨暮色，我們再次穿越時光隧道，回到童年，也許越是這樣的單純，越能體會快樂與美好吧！

CHECK！
最醒目的大溜滑梯與迷宮

CHECK !
公認最好玩的 FLYING FOX

Travel
大怪獸的故鄉

Scene 4

🐎 阿德雷德 ● 莫瑞橋 (Murray Bridge)

出發／從阿德雷德市中心開車前往，或是到公車總站搭乘 LinkSA 的巴士到達
(可上網站洽詢時間表 www.linksa.com.au)，約 1 小時到達

網站／**www.murraybridge.sa.gov.au**

莫瑞橋位於阿德雷德的東南邊，由 Murray River 貫穿，是南澳第四大城，也是著名的觀光景點，但有別於台灣的人山人海，這裡不但不熱鬧，反而帶著小鎮的清幽，雖然面積不大，但量販店、超商、書店、圖書館等生活機能一應俱全。因為有肉類工廠、洋蔥工廠等，也相對的聚集許多背包客。

一到假日，河邊便聚集著觀光人潮，河面上遊艇、船屋、風帆比比皆是，大嘴鳥和鴨子尋覓著食物、人們在河邊釣魚，悠閒自在，就像時間停止了一般。如果這時在河邊漫步，就會注意到有個石頭建成的洞穴，往裡頭一瞧，只看到由鐵籠圍住的水池，池子裡面有若隱若現的綠色物體⋯⋯難道裡面有養鱷魚嗎？

毒窟、大怪獸神祕色彩渲染之地 ★

原來這是一個叫 The Bunyip 的怪物投幣設施，「Bunyip」是澳洲原住民口中的怪物，居住在河岸邊，會趁人不知注意時，將其拉入水中，是人人避之唯恐不及的怪物，當然也有可能是白人開拓澳洲之初，原住民想嚇唬人們的一個謠言。

投一塊澳幣後會有隻奇醜無比的綠色怪物升上水面，開始發出幾聲怪叫，當小孩嚇壞大人傻眼的時候，就慢慢沉回水面下了。當然這麼古老的設施，也有投錢後機器卻不靈光的狀況發生，怪物只慘叫就完全卡住了，一點都沒浮上水面的意願。

另外也有人說莫瑞橋是個大毒窟，每次假日出門，街上空蕩蕩時，都想說該不會大家都躲在家裡製藥吧……

但毒品是沒看過，倒是我們對面房子住著奇怪的小孩，當我們走出門外時，他們會邊用純真的笑臉和童音說：「Hello! Hello! How are you?」邊慢慢走進我們，接著竟然用石頭或潑水攻擊我們。天啊！這群笑面虎小孩！為了避免民事糾紛，大家只是小心為上，沒有跟那群死小孩計較太多。

在此地居住了一個多月，有人嫌這裡無聊，也有人愛上這裡的悠閒。不同於亞洲忙碌的生活，這裡的時間就像 Murray River 一樣，無風無浪，靜靜養育著不同世代的人民。

CHECK！
著名的莫瑞河畔

CHECK！
怪獸 Bunyip 的傳說

Travel
隱藏於德國村的
澳洲國寶畫家故居

Scene 5

> 🦘 **阿德雷德 • 德國村 (Hahndorf)**
> 地址／Heysen Rd, Hahndorf SA
> 出發／距阿德雷德市中心約半小時車程，無固定的巴士可以到達，都要轉好幾
> 　　　班車，建議自行開車前往
> 導覽時間／9~5月 11:00、13:00、15:00，6~8月 11:00、14:00
> 網站／www.hansheysen.com.au

住在阿德雷德的人都知道北方有個知名景點德國村，卻鮮少人知道另有個澳洲著名畫家 Hans Heysen 的故居。

Hans Heysen 誕生於十九世紀的德國，年幼時便隨著家人移民至澳洲。他以畫 Gum Tree 及澳洲的然原野聞名，觀賞他的畫時，總能感受澳洲耀眼迷人的金色陽光傾瀉而出，好像自己就穿梭在樹林間，享受自然的靜謐與平和。

📍 **CHECK！**
鄉野間的畫家起居室

畫家的筆描繪澳洲土地的心跳 ★

故居內有起居室和畫室可以參觀。畫家的起居室仍保持歐式建築的典雅，當我們來訪時，還有位阿嬤級的導覽解說。故居裡擺滿了許多作品，細緻的筆觸，優雅的色彩，總能輕易捕捉到澳洲田園風光的韻味，將其昇華至神聖與美妙。

參觀完起居室，我們來到畫家生前的畫室。三角屋頂的木屋矗立在山坡上，彷彿童話世界才會出現的景象。一進屋內，大片的玻璃窗灑進絢麗的陽光，屋內還擺設著畫家各種顏料、工具，畫架上靜靜擺著他生前最後一幅未完成的畫作，呈現著南澳美麗祥和的自然景色，透出一股安穩平靜的力量。這嬌小卻精緻的屋內曾有位畫家在此，時而苦思、時而靈感降臨，畫出了一幅幅永垂不朽的作品，不論是澳洲雄偉傲人的大地與山嶺，或是農家與牧人的田園生活，抑是百年前移民到澳洲開墾的拓荒者，都一一躍然於畫布上。

曾經有個男孩，跟著先民來到遙遠未知的大陸上，他靜靜感受這片土地的心跳，將它每分每秒的美麗捕抓下來，百年後，又有多少人千里迢迢來此移民紮根，只為了下一代的幸福。將來之後，又有誰繼續捕捉著未來世代的美麗與哀愁呢？

CHECK！
山丘上的畫室小屋

Travel
風之谷和烏魯魯的紅土大陸小旅行

Scene 6

> 🇦🇺 **愛麗絲泉 (Alice Springs)**
> 出發／可跟團出發或自行開車前往
> 網站／ www.alicesprings.nt.gov.au

告 別待了六個月的阿德雷德，我選擇了長途巴士，只為在離開澳洲前一睹那曾在百科全書或電影中瞥見的紅土沙漠。儘管旅行中朋友來來去去，和大家說再見是家常便飯之事，但從沒想過今天自己會是被送別的那個人。看著窗外的風景，我將告別綠意盎然的南澳山丘，駛向遠方的黑夜。

沙漠中的地下屋 Coober Pedy ★

將近十小時在巴士上搖搖晃晃真讓人頭痛欲裂，人生中第一趟長途巴士就此獻給了澳洲。凌晨五點，司機把大家從睡夢中叫醒，原來是到了以出產蛋白石聞名的小鎮 Coober Pedy。處於沙漠中的小鎮，最初礦業的開發者為了躲避極端的天氣，就把房子都蓋在地底下 (稱為 Dugouts)，如此屋內便可維持常溫。

居住的 Radeka Down Under 客棧外，廣大的紅土大陸與無雲的藍天連成一片，路上人煙稀少，有些原住民聚集在廣場裡，偶爾看到零星的觀光客在景點區走動，彷彿自己來到世界的邊緣。

同樣地，博物館、採礦區也是蓋在地底下，可供人參觀，四周則是住宅圍繞。城鎮外還有世界最長的鐵網，目的是為了防止澳洲野狗 (Dingo) 侵入。除此之外，這裡真是一片荒涼，如果走到一半遇見了外星人，應該也不足為奇吧！但還是有人願意搬來這裡，在採礦之餘享受無人打擾的日子。

隔天清晨，我又搭上灰狗巴士，前往澳洲的中心愛麗絲泉。車窗外的景色盡是綿延無盡的紅土與低矮的灌木叢，我們在幾個小鎮休息，吃點東西，見到有許多雙鞋子掛在樹上，這種「鞋樹」的景像似乎可在許多歐美國家找到，每個鞋樹都有不同的源起，有的是為了慶祝生日、有的是祈求好運，也有許多的源起已不可考，當然，還要繼續往前進的我並沒有將鞋子丟到樹上，有時看到一群人騎著哈雷機車或單車旅行，忍不住佩服他們的勇氣與灑脫。

又過了好幾個小時，終於看到了幾個交通告示，傳說中的愛麗絲泉終於到了！

CHECK！
地下住屋

氣勢驚人的國王峽谷 ★

愛麗絲泉雖然不大，但聽到旅行社沒有接駁巴士，要我自己提著行李走到自己的 Backpacker，還是挺讓人無奈的。扛著一身家當，汗流浹背來到 Backpacker，一進房便見到一位日本女生，非常友善地和我打招呼。

原來她是在布里斯本念書的學生，趁著連假來到愛麗絲泉，不愧是受到電影《在世界的中心呼喊愛》的影響，每個人都想來攀爬世界最大的石頭——烏魯魯 (Uluru)。原來這位女生還來過台灣讀書、學中文，現在又到澳洲學英文，兩人一下就開心地聊了起來，只可惜我們訂的是不同的旅行社，沒辦法一起旅行。

隔天，又是一大早，三天二夜的 Tour 就開始了！就如同大部分在愛麗絲泉的行程，我們要去國王峽谷、風之谷以及烏魯魯。小型巴士上，有著來自世界各地的觀光客——來自德國的情侶、學生、法國夫婦、義大利人、韓國人，也有跟我同樣來澳洲打工度假的台灣人與美國人，當然也有澳洲本地人。而來自歐洲的美女導遊，不但會講多國語言，也同時兼顧開車、解說、準備餐點的工作。開了好幾小時的車，我們才來到第一個景點——國王峽谷 (Kings Canyon)。

其實這幾天的行程，就像另類的健行與登山，要趁著太陽初升的早晨行動，才不會被炎熱的陽光曬昏，大家開始爬山，聽導遊解說，我第一次看到峽谷地形，紅色的巨岩有著壯觀利落的橫切面，就像曾有巨人拿著大刀劈下一般，峽谷長達一千多公尺，深度也有二百七十公尺，當我們爬到最高點，俯瞰那些氣勢雄偉的峽谷時，耳邊可是會自動響起磅礴的奏樂呢！

CHECK！
壯闊的峽谷

圍著營火睡在星光下 ★

回到車上時,大家說要訂啤酒,我想兩天一夜,頂多一天一罐吧!沒想到大家一口氣就是一人十罐、二十罐!導遊說最高紀錄是十幾人一次訂三百多罐,那幾天大家的確沒辦法做太多健行活動……

在回到營區的路上,大家還要先去採集樹枝,為晚上的營火準備,我們來到一處被大火燒過的樹林裡,焦黑的枯樹看來脆弱,實際上卻非常的刺人;大家賣力收集的成果就是搞出了許多擦傷、割傷,如果台灣的行程是這樣子早就被客訴了吧!但大家卻仍若無其事的樣子。

第一天晚上我們遠離所有文明設備,在空曠的營區生火、準備

晚餐，夜晚時，大家肩並肩圍著營火聊天，彷彿回到遠古的時代，天上的月亮斗大，和火光一起映照著我們，以天為屋，以地為床的感覺就是這樣吧！沙漠的溫差大，我鑽進旅行社發的 Swag 裡，Swag 是種野營用的大型睡袋，但裡頭還要再鋪自己的睡袋才能睡，望著天上的星星，我們慢慢進入了夢鄉。

　　大約清晨四點，就被寒意逼醒了，儘管我們躲在 Swag 裡，還是被凍得直發抖。

　　韓國人告訴我們他不知道裡頭要裹著睡袋，我想光是躲在 Swag 裡睡就夠冷了，如果連睡袋都沒了，那整晚應該都不用睡了吧！

神祕的夢與現實交會地 ★

第二天爬玩了風之谷 (Kata Tjuta)，我們駛向最終的目地的──烏魯魯 (Uluru，又稱艾斯岩) 了！

當小巴士轉了個彎，巨大的烏魯魯便映入眼簾。那個從小只在百科全書上看過的超大石頭終於親臨廬山真面目時，還是有說不出的感動，大家紛紛拿出相機拍照，難掩內心的興奮。

那天晚上，巴士開到了另一個紮營地點，儘管這裡是世界有名的觀光區，但幾乎很少開發，就連高級飯店的外觀也很樸素簡單。今天晚上終於有浴室可以洗澡，還看到久違的插座，稍微嗅到了文明社會的氣息。

隔天一大早，大家趕著太陽起床前，就前往觀賞烏魯魯的日出。大家總是說烏魯魯會隨著時間不同，而變換不同色彩，看著那顆在星空下沉睡的黑色巨岩，我們等待著它亙古的魔法。

破曉擊沉黑暗的烏魯魯日出 ★

剎那間，破曉擊沉暗夜，如宇宙的第一道曙光乍開，金黃的亮光從地平面慢慢散開，繁星與黑夜還在上頭，太陽卻已迫不及待升起，展開巨大的雙臂擁抱大地，遠古的巨石脫去黑色的容顏，慢慢鋪上藍色的粉彩、紫色的淡妝，最後褪去所有的裝飾，顯現出原本耀眼的金黃面貌。終於看見了！彷彿聽見巨岩在曠野裡的呼喊！大家接受了陽光的洗禮，滌去一身的塵埃，原始的榮耀在我們眼前展現，大地初暖，天色明亮，但所有人仍流連忘返，讓陽光與自然的空氣溫暖我們的身體。

看完了日出，我們便要近距離接觸烏魯魯了。

大石頭近看像是月球表面，三百多公尺的高度儼然是一座小山，但已因環境和安全因素禁止攀爬。這裡每一處都有原住民的故事與傳說，為了尊重原住民，許多地方還不能拍照。烏魯魯的每個角度都讓人聯想到不同的景像，有時像人臉、有時像怪獸，每次轉個彎，都會發現截然不同的畫面。澳洲原住民的傳說起於

夢時代 (Dreamtime)，在遠古時候，先祖與神靈將每樣東西灑下文字與音符，漸漸形成現實世界，而烏魯魯便是夢與現實交會之地，也是重要的信仰所在，但在白澳政策之下，原住民受到白人政府的侵略，小孩被迫與父母分離，原始文化飽受摧殘，直到一九八五年，澳洲政府才將土地歸還給原住民，並將此地規劃為保護區，原住民的傳統歷史，才能繼續綿延下去。

　　我們繞了石頭一圈，大家腳步不一，有時一轉眼，前後就見不到半個人影，留下自己在一片荒野中。走了一個多小時，我們才回到原點。開車回到市區的路程上，我們又見到巨大的老鷹啃蝕著袋鼠屍體、還騎了駱駝、看到了澳洲野犬 (Dingo)，旅伴們一個個互相道別，每個人又將再度回到自己的國家，展開另一段不同的旅程。

Travel
摩頓島的飛鳥。浪花。海豚

Scene 7

> 🐨 **摩頓島 (Moreton Island)**
> 出發／從布里斯本市中心搭巴士到達 Holf Street Wharf，再搭船前往，也可與
> 　　　旅行社跟團
> 網站／ **www.moretonislandadventures.com.au**

趁著聖誕假期，我和朋友們展開在澳洲的第一次旅行──摩頓島兩天一日遊。原本以為交給旅行社，可以幫我們這些旅遊新手安排妥當，卻沒想到經歷了一小段夢魘。

時間停格的世外桃花源 ★

當天一早我們到指定地點搭車，住得最近的我很不幸遲到了，但更不幸的是載我們的小巴士遲到更久。眼看別的旅行團都開走了，我們的巴士才姍姍來遲。搭上車後，看著窗外澳洲特有的廣大藍天，城市的高樓景色漸漸轉為低矮的民房鄉村，交通標誌也浮現一個個碼頭的字樣，正感到興奮不已時，才發現我們到了個超不起眼的港口。澳洲當地旅行社不像臺灣全程都有導遊陪伴，只是幫忙安排好巴士和行程，趕在預定時間內搭上了船。遊艇馳騁在藍天碧海上，終於有了度假的感覺！船隻在碼頭靠岸，淺金色的細白沙灘映入眼簾，海水清澈見底，連底下的沙子、魚兒都可看得一清二楚。

摩頓島最有名的行程包括浮潛、滑沙、餵海豚等等，去飯店 Check-in 後，終於可以衝向海邊了！摩頓島的海水出奇地平靜，就跟這座島的性質一樣，是個休閒、寧靜的世外桃源。炎熱的夏天，海水卻異常沁涼。隨著浪水高低起伏著，天上幾隻海鷗飛翔，偶爾看到直升機飛過天際，除此之外，沒有其他的喧囂吵雜，時間彷彿在這裡靜止了。

與野生海豚的近距離相遇 ★

到了傍晚，天色漸黑，金色的陽光灑滿海水與沙灘。

這時看見碼頭附近的海面上出現了灰色的魚鰭，乍看之下以為是鯊魚乍現，仔細一瞧，原來海豚出現了！隨著碼頭上的人聚集越來越多，海豚也像炫耀般，一下來個頑皮地跳躍，一下子又加速前進，在海中快速翻轉，濺起大量的水花，一直到天色全暗時，餵海豚的活動才開始。

儘管餵海豚是整個活動的高潮，但好幾百人排著隊，實際餵到海豚的時間才短短幾秒，而且海豚只能看不能摸，總覺得看不過癮呢！但這些海豚全是野生的，在 1980 年代相繼出現在這片海域，時間久了，海豚每晚都來，也讓人類與大自然有了一個和平共存的可愛故事。

CHECK！
餵海豚

滑沙跌個滿嘴沙 ★

隔天一早，我們搭上越野巴士駛向叢林，準備滑沙去了！司機是一位很有活力的中年阿姨，穿著卡其裝，比我們還興奮地駛向滑沙地點。車子行駛在叢林中，有幾段道路特別封起來，需要有人把柵欄打開才能進去，好像恐龍要從裡面跑出來一樣。有一大段路因為路途顛簸，司機便加快速度通過，大人小孩都在車上跌跌跳跳的，尖叫聲不斷。越過叢林後，景色豁然開朗，一大片金黃的沙丘出現在眼前，壯闊的美景讓人讚嘆不已！還沒等大家的嘴巴合起來，司機便帶頭跳下車去，踩上這柔軟細緻的沙丘。

遊客們圍成一圈聽工作人員介紹滑沙的方式，首先他們拿出了自稱高科技的長方型木板，無需電力可高速移動，全程人工化、無環境汙染、無防腐劑、無人工色素，用完只需拍拍上面的沙子就可以輕鬆回復原來的樣子。

簡單說來……那根本就只是個板子呀！

接著我們就開始滑沙行動了！首先要徒步爬到幾十公尺的沙丘上面，耗費大半體力後，小心翼翼地站在狹窄的山脊上，然後一個一個輪流滑下去。走在那麼高的地方，說不害怕是騙人的，而且唯一的道具又是一塊沒用的板子。聰明的我們先在一旁察言觀色，看大家怎麼滑下去，首先教練會讓我們趴在板子上，胸口對齊正確位置，接著是主要的關鍵──雙手撐起板子最前端，讓它和沙地有一段距離，板子才不會卡在沙中、能順利滑下去；講完後，教練便毫不留情地雙手一推，在慘叫還來不及發出時，便連人帶板子往山丘下滑去，如果板子沒有撐好，往往在還沒到沙丘底部時就被沙子淹沒，跌個狗吃屎。

眼看許多人敗陣而下，摔得亂七八糟時，竟然就輪到自己了！硬著頭皮走上死刑臺，趴上板子、擺好姿勢，接著就被教練一手推下，咻～整個人近乎垂直地滑下，雖然努力撐高雙手，沙子還是不停飛濺在臉上；終於，速度慢了下來，我竟然順利抵達終點！沒跌個四腳朝天！

當然，為了在最短的時間、最少的成本中獲取最大的旅遊利

益，我和朋友又趕緊奮不顧身地衝上沙丘，準備第二次滑沙。可惜第一次成功的經驗太爽，結果第二次滑沙失敗，沙子噴得滿臉都是，我和板子就像隻慘死的鯨魚般擱淺在沙丘中，而且因為旅客眾多，竟然就沒有辦法再滑了！只能拍拍照片，過過乾癮，接下來還有其他行程呢！

CHECK！
滑沙

浮潛是摩頓島的重頭戲之一 ★

　　經過歡樂的滑沙，來到小島當然不能忘了浮潛啦！摩頓島的海洋就像風景明信片一樣，蔚藍的天空飄浮著白雲，從碧綠漸層到深藍的海洋因船隻經過濺起白色的浪花，大大小小的私人船隻點綴在海面上。眼前忽然出現幾艘鐵褐色的沉船，據說是昆士蘭政府放置於此，想建立一個臨時港灣，卻意外聚集了大量魚類與海鳥，也成了我們的浮潛的地點。

　　當我們到達時，就已有許多私人船艇停靠在附近，有人在船上悠閒的吃東西、也有小孩自己在海裡快樂的戲水，澳洲好野人的生活真是讓人欽羨啊！

　　放鬆了兩天，在傍晚時回到了澳洲本島，只是我們等了半天，卻沒見到接我們回市區的巴士，打給旅行社確認，才知道巴士竟然開走了！對方的客服人員竟然還大笑了起來，並叫我們自己坐火車回家！這也太扯了！傻眼之餘，也激發出驚人的求生本領，我們用那口毫不流利的英語與對方展開激烈辯論，竟也把巴士叫回來了。還好我們堅守著自己的權益，才結束了這場驚魂記，否則在這人生地不熟的荒郊野外，迷路可一點都不有趣呢！

Travel
夜游於暗藍的珊瑚海

Scene 8

> 🦘 布里斯本 • 北史翠布魯克島 (North Stradbroke Island)
> 出發／從布里斯本市中心出發，到達 Cleveland Station 火車站，轉巴士到
> 　　　Toondah Harbour，再搭船前往
> 網站／stradbrokeisland.com

北史翠布魯克島位於布里斯本東方，不需經由旅行社之手便可自行前往，這次由餐廳同事當嚮導，展開兩天一夜的旅行。搭上公車一路來到海邊，乘著白色遊艇，吹著海風，看見藍天白雲、海鷗飛翔，海底甚至漂著半透明的水母，我們不知不覺就來到了島上。雖然這座島沒有 Fraser Island 或摩頓島出名，卻保有了她的悠閒與純樸。

我們下榻於海邊旁的 YHA，趁著天黑前，把握游泳的機會，在傍晚時衝進海裡。第一次在夕陽與星光下游泳，感覺竟如此美好，雖然是夏天，海水卻十分沁涼，大家邊尖叫邊適應海水溫度，漆黑的海水蓋過雙腳，海底可以撿到各式各樣的貝殼，還有小魚瞬間游過。有時浮在海面上，順著水流載浮載沉，看著天際與大海如黑墨般渲染成一片，滿天星斗如寶石般鑲在黑夜，我們變得如此渺小，靜靜躺在天地間的懷抱，感覺如此平靜祥和，人生又夫復何求呢？

眼鏡沉入珊瑚海，一去不復返 ★

　　第二天早上，我們便開始步道探險，島上有鋪好的木板道路，可以沿著海邊走一圈。一路上都是天然原始的景象，洶湧的浪花捲到岩壁的縫隙中，形成一種特殊的浪潮聲。來自加州的同事說通常這種地方都會生長很多貝類，以前在美國的海邊時，他都會游去採集野生的貝類。聽到有這樣的童年，真讓我們這些城市小孩大開眼界啊！遠方的海上，成群的白色海鷗聚集覓食；島上的草叢裡還蹦出了幾隻袋鼠，悠閒地抓癢、曬太陽；繞到另一塊平台，又可看見海龜在浪潮中若隱若現，澳洲不愧是大自然的瑰寶，走在島上就可以看到如此原始的生態。

　　高興之餘，我們又來到另一個海邊，也許是昨晚「夜游」的印象太美好了，我們不管三七二十一就衝向海裡，沒想到這邊的海水真是無敵巨浪，才站在岸邊，一陣大浪就突然襲來，把大家震得東倒西歪。當大夥邊笑邊爬起來，我赫然發現一件事——媽呀！我的眼鏡不見了！

CHECK！
原始的島上風光

開始大海撈針 ★

昨天的海邊浪小，我就算戴著眼鏡也不怕被沖走，今天的巨浪來得措手不及，完全沒想到自己眼鏡會被捲走啊！我趕緊奮不顧身地跳進水裡尋找，朋友也幫忙找眼鏡，只是沒想到眼鏡才剛沖走，竟然就完全消失不見了！管他浪再大，玩樂的心情也消失了，我完全實踐「大海撈針」的真諦，游進水底找了又找，連一些較危險的岩石邊都游過去了，眼鏡卻完全不見蹤影。望著茫茫大海，心裡忽然覺得既好笑又心酸，我的眼鏡從此沉沒於珊瑚海中，一去不復返，心裡想著會不會有天順著洋流漂回臺灣去呢？

CHECK！
一點都不怕人的野生袋鼠

Travel
滿天繽紛的七彩小鳥包圍記

Scene 9

🇦🇺 **布里斯本 • 龍柏動物園 (Lone Pine Koala Sanctuary)**
地址／708 Jesmond Rd, Fig Tree Pocket QLD 4069
出發／可在 Queen Street bus station 的 B4 月台搭乘 430 號公車，或在 Adelaide Street 的 40 號站牌搭乘 445 號公車 (需注意 445 號公車在星期日不開車)
網站／www.koala.net

CHECK！
餵食秀鸚鵡大方入鏡

七彩鸚鵡餵食秀 (Feed Rainbow Lorikeets) 在開始的時候，工作人員會把一種很像麥片的液態飼料倒進飼料盆中，而飼料盆下面有一根棍子可以讓人握住，就好像奧運傳遞的聖火那樣。最棒的是遊客可以去拿那些飼料盆，這時候就好像約好的一樣，有很多的野生七彩鸚鵡會從四面八方飛過來搶奪這些飼料。當你把飼料盆拿在手上的時候，還會有七彩鸚鵡停在你的頭上或肩膀上；雖然牠們的爪子抓得我很不舒服，但是拍照的感覺真的很棒。後來還有一隻七彩鸚鵡停在我肩膀上很久才離開。這是我覺得龍柏最棒的表演，有機會一定要體驗看看。

除了七彩小鳥之外，
抱無尾熊也是龍柏動物園很熱門的活動。
照片提供／Angela

Travel
澳洲網球公開賽，
雙冠軍簽名入手

Scene 10

🦘 **墨爾本 • 海信球場 (Hisense Arena)**

地址／Olympic Blvd Melbourne VIC 3000

出發／澳網的比賽場地有三個 (羅德•拉沃競技場、海信球場和瑪格麗特•考特球場)，出發前注意一下自己的場地是在哪裡。在 Flinders Street 搭乘往 Wattle Park 的 70 號電車，羅德•拉沃競技場在 7B 站 Rod Laver Arena 下車，海信球場和瑪格麗特•考特球場在 7C 站 Hisense Arena 下車

網站／www.ausopen.com/index.html

(P182-183 照片提供／ Angela)

澳洲網球公開賽是一月中旬在墨爾本公園 (Melbourne Park) 舉行。進入八強後的票價都很貴，所以我們選擇看排位賽 (Qualifying) 就好。比賽當天朋友告訴我今天男單的比賽有世界排名第三的種子選手，讓我非常興奮，因為我們只是隨便選了一天來體驗一下澳網的氣氛，沒想到還可以看到三號種子選手，真是太幸運了！

由於這可能我是一生唯一一次參加澳洲網球公開賽，所以看到紀念品販售區，當然就要買個紀念品來紀念一下囉！紀念品有毛巾、網球等等，感覺網球比較應景，又怕行李箱塞不下，所以就選了一個比較小的網球，不過後來發現其實這網球是充氣的，把氣消掉後的把氣消掉後就不會太占行李箱的空間了。

準備個紀念品找球星簽名吧！★

過不久我們就找到了自己的座位，對網球規則不太熟悉的我，還是可以體會到戰況激烈的程度與熱情的氣氛。第一場男子雙打的結果是美國 Bryan 兄弟贏了，我看到有人拿紀念品去給他們簽名，我馬上就拿著我的網球擠入人群去找 Bryan 兄弟簽名。

接下來的比賽是男子單打，在中場休息的時候就突然湧入了很多媒體、觀眾，比賽還沒開始，就感受到這 3 號種子選手 Novak Djokovic 的名氣果然是非比尋常。這場比賽也非常的精采，不但選手的表現是頂尖的，觀眾也十分熱情，賽程中的歡呼聲、口哨聲和尖叫聲都比上一場多了很多。我以為比賽是三局就結束了，所以為了簽名我很早就跑到下面的座位去等待，沒想到三局結束後還沒打完，原來總共要打五局，我就待在下面比較貴的位子直到比賽結束，沒想到近距離的接觸選手，真的會讓人感受到更多選手的鬥志，讓我整個都熱血沸騰了起來——或許我還會再來看第二、第三次的網球公開賽也說不定唷！

誤打誤撞收集到雙冠軍簽名 ★

比賽結束後，有好多球迷都拿著紀念品要給 Novak Djokovic 簽名，好不容易才讓他簽到我的網球，擠出人群後發現室友還在外圍痴痴的等待，我就馬上拿他的球再度擠入人群，還好人小就是擠得快，最後不負所託的完成任務。

CHECK！
球星簽名

第三局是女單的比賽，不過看完了兩場比賽，大家都覺得累了，所以女單沒有看完就離開了。原來不但選手需要有好體力，當個觀眾也要有呀！等到澳網結束後我才知道 Bryan 兄弟拿到了男雙的冠軍，而 Novak Djokovic 也拿到了男單的冠軍，我的紀念網球上居然有兩個冠軍簽名，真的好開心哦！

Travel
逛它 N 遍也不厭倦的
墨爾本 Outlet

Scene 11

🇦🇺 **墨爾本 • DFO South Wharf**

地址／**20 Convention Centre Pl, South Wharf VIC 3006**
出發／**搭乘 109 線電車，在 Melbourne Exhibition Centre 下車，沿著
　　　Normanby Road 走到 South Wharf Car Park，就可看到指標**
網站／**www.dfo.com.au/south-wharf**

在墨爾本待了三個月就去逛了 DFO 將近十次，可見 DFO 對我的吸引力有多大！DFO 逛多了，當然也逛出了一點心得，澳洲的物價和台灣比較起來大概是三倍之多，所以東西真的很貴，但是在 DFO 就不一樣囉，很多東西的價格跟台灣差不多，或是更便宜一點，不過真正吸引我的是——很多店面會不定期的有特價活動！我喜歡的牌子在特價的時候都還有 3～5 折的優惠，所以我三不五時的跑去 DFO 就是為了看有沒有活動。我有好幾次只花了二十澳幣就買到了原價六十澳幣以上的衣服唷！而且 Melbourne 的 DFO 還有比較多的名牌商店，我到現在還記得在 Armani 看到了一件超棒的西裝外套，只可惜後續還有相當長的旅程，不想帶著它到處走才沒買下來，到現在還讓我念念不忘呢！

Travel
我在大堡礁上空飛翔──飛機跳傘

Scene 12

🦘 **凱恩斯 Carins**
出發／到達凱恩斯後，可先在各大旅行社預定跳傘時間，再由跳傘公司載往直升機場
網站／skydivecairns.com.au

為了犒賞自己辛苦工作，我從布里斯本來到凱恩斯 (Cairns)，進行一個禮拜的旅遊，也因此遇到了幾位台灣背包客，原本一個人的旅行不只變為集體行動，還在觀光第一天就被慫恿報名了飛機跳傘 (Skydive)。

我「花四」，沒想過要玩這麼大 ★

前幾小時，我壓根沒想過要玩極限運動，但現在我已在店家門口，量身高體重，看著解說的 DVD，準備要出發了！

眾人乘著巴士興奮地來到搭直升機的場地，就在一頭霧水的情況下，我已穿上裝備，生平第一次乘坐直升機，飛上了天際。

搭巴士時還在想，為什麼教練要一直重覆跟我說：「不用緊張！不用緊張！這絕對是你此生最棒的經驗。」坐上直升機後我完全明白了。

隨著我們離地面越來越遠，看到街道城市變成渺小的棋盤，遠山、農田、海洋盡收眼底，看到我們穿過一層層的雲朵，我急促的心跳已騙不了自己了！

喔！天啊！待會兒真的要這樣跳下去嗎？我吞著口水，神情開始緊張，看看其他人臉上表情也像便祕一般，只有教練們一派從容，還不時要你看鏡頭，擺出各種 Pose。

這種鬼時刻，誰還笑得出來啊！

忽然間，直升機在空中原地打轉，大家才驚覺死期到了，教練一聲命下，直升機門硬生生開啟，狂風吹了進來。夭壽喔！這樣下去會出人命的，但這時想掙脫都來不及了，因為每個人都已緊緊地和自己所屬的教練綁住了，就像待宰的羔羊，準備被扔出機艙外。

夭壽喔！逃不掉了 ★

我們先是看到第一位受害者，由於他體型龐大，教練竟直接將他懸吊在機門外，然後待教練準備好，「咻——」一聲，兩人跳出機艙外，像被巨大的黑洞吸走，一下子就消失地無隱無蹤。

「好可怕啊！」終於有人大喊，但其他教練們毫不留情，要我們一個個往前進，大家像跳蘿蔔坑般一個個消失不見，想要逃脫也逃脫不了。就在這時，終於輪到了我。

不要啊！教練你在開玩笑嗎？狂風在我耳邊呼嘯著，眼前不是電影，而是真真實實的一萬四千英呎上空！雙手交叉，坐在教練身上，還好頭要往後，不必看著地面，教練縱身一躍，天啊！天啊！天啊！這真的是跳機啊！！！！！

但下一秒並不是自由落體的感覺，而是極為夢幻、極為不可思議的感覺——我在飛！

是的！就如鳥兒展開雙翅在空中飛翔一般，我們緩緩降落，一點都不感到恐怖，雲朵在眼前飄，大地的壯闊的景色極為不真實，一股難以言喻的感動油然而生，快到達地面時，教練解開了降落傘，一股後座力讓我們往上升，隨後又緩緩落下，教練讓我控制降落傘的方向，這時忍不住和教練聊起來，原來他們一天都要跳個七、八次，每天都要有十分規律的生活，才有辦法從事這高危險的工作。他在十多年前來到這裡，帶領著無數的人們跳

傘，享受畢生難得的經驗。終於，我們降落回地面，當下人生了無遺憾了！

　　一年後，我在紐西蘭遇到了一對英國父女，正討論著要不要去跳 Skydive。「如果人需要飛，上帝會給我們一對翅膀！」那位父親開著玩笑拒絕，而我則是極力贊同女兒去玩。人類雖沒有翅膀，卻知道如何讓自己飛翔，乘著空氣，我們享受鳥兒的自由與暢快，即使短暫，卻令人永生難忘。

We are the KINGS of the world ！

Travel
西澳名氣最大的沙丘怪石陣

Scene 13

🏔 **西南澳 • 尖峰石陣 (Pinnacle)**

地址／Nambung National Park, Pinnacles Dr, Cervantes WA 6521

出發／可參加 Tour 或是自行開車前往。開車從伯斯沿著 2 號公路往北開，
經 87 號公路轉 60 號公路，總路程約 196 公里會到達 Nambung
National Park，就可以看到往尖峰石陣的路標

尖峰石陣離伯斯 (Perth) 不會很遠，大約開車兩個小時就可以到了，但是手機導航裡面找不到這個景點，後來是靠路標找到這個地方的，同樣是開車的朋友要記得留意一下路標唷！

尖峰石陣裡面有很多奇形怪狀的石頭，不過數量實在是太多了，所以看到後來也見怪不怪。只是那天的天氣實在是太好了，搭配上難得一見的背景，讓我們的拍照欲望破表，一整路就是一個拍照的流程，讓我們玩得非常開心。我曾經問朋友覺得哪個地方最好玩，朋友回答我：「只要是跟一起玩得很開心的朋友出去玩，去任何地方都很好玩。」我想尖峰石陣也是這樣的一個地方吧，雖然它只是一個適合拍照的景點，卻還是讓我留下了很好的回憶。

不管逆風，硬是要滑沙 ★

逛完尖峰石陣後，我們就跑到 Lancelin 去滑沙，不過那天的天氣真的很奇怪，一開車進入沙丘區之後就開始刮大風，我們偷懶地開著 2WD(二輪傳動) 的車直往沙丘裡前進，結果在我想停車的前十公尺處，車輪很不爭氣地卡在沙裡面了。在前進後退、前推後推都沒辦法脫困的時候，還好有一個澳洲老爹開著 4WD 的車經過，並且很有義氣的下來幫助我們，結果拖累他跟我們一

📍 CHECK！
神奇石陣車道

這裡的車道只是簡單的用石頭標示出來，但大家都很守規矩，不會把車子開出車道的範圍

📍 CHECK！
尖峰形狀的石頭

起搞了很久，最後是拿一根繩子綁在我車上一個「看起來」還算堅固的地方，用他們強壯有力的車子把我們的車車拉了出來。雖然這個困境阻礙了我們半個小時，但還好最後脫困了。這個小插曲阻擋不了我們想要滑沙的心，看著別人開著 4WD 的車快速地從旁邊經過，我們搭著 2WD 的「11 號公車」雖然跟不上，但至少不會再深陷沙丘裡面了。費盡千辛萬苦終於爬上沙丘的那一刻，我們的心情激動不已，只想吶喊。當開始往下滑的時候，我

們真的喊了出來，因為風實在是太大了──逆風的方向雖然適合
飛翔，但是一點都不適合滑沙。我們很滑稽的一邊跳，一邊很緩
慢地向下移動，最後喊出來的當然是幹譙的聲音！試了幾次之後
還是沒辦法享受到滑沙的樂趣，在望著遙遠的另外一座沙丘以及
自己無力的雙腿後，用一句話結束了滑沙的行程：I will never be
back(我絕對不會再回來！)。

Travel
塔斯馬尼亞必訪的
世界自然遺產搖籃山

Scene 14

🇦🇺 **塔斯馬尼亞 • 搖籃山 (Cradle Mountain)**

地址／Cradle Mountain-Lake Saint Clair National Park, Cradle Mountain
　　　TAS 7306

出發／可參加 Tour 或是自行開車前往。Cradle Mountain 有南北兩個入口，
　　　北邊是 Lake Dove，南邊是 Lake Saint Clair，導航時要注意一下

網站／www.parks.tas.gov.au/indeX.aspX?base=3297

在還沒抵達搖籃山之前，就看到了山頭上有零星的白點，靠近之後才發現那是雪！原來是昨天晚上有下雪，所以山頭上還有未融化的痕跡，讓喜歡雪的我們都很開心，卻想不到這對後來的行程有非常大的影響。第一次爬搖籃山的時候，沒有發現山上也有便宜的住宿，所以爬了一整天後，還開車下山找住宿，實在是非常的辛苦，所以這次發現山上的小木屋其實也沒有很貴之後，就趕快先去 Check-in 了。

散步行程變溯溪之旅 ★

已經是第二次來的我，深深覺得山上有了皓皓白雪的點綴後，真的美麗很多，果然是佛要金裝，人要衣裝，山要雪裝。一開始我們先選擇最美、並且難度尚可的 Dove Lake Circurt，整個步道上幾乎都有木板棧道，所以非常的輕鬆好走，寧靜的湖面搭配上美麗的搖籃山，令人心曠神怡的沉醉在這個時刻，不想離開。走著走著，岔路出現了，於是我們開始往上爬，想從高點欣賞搖籃山的另一面，結果悲劇就發生了……因為前一天下雪，加上今天天氣很好的關係，所以雪已經開始融化了，山上的步道就成了這些雪水最好的水道，所以我們就好像沿著小河在溯溪一樣，但是

我們身上穿的根本就不是溯溪裝備呀！因此整路都要小心地避開這些半天然形成的溪流。雖然可以苦中作樂的說「一個行程，兩種享受」，但其實沒有很有趣。不過整體來說，可以看到搖籃山的雪景，這些路途上的辛苦都是值得的啦！

在行走的時候根本就沒心情去欣賞身邊的美景，不過最後爬到高點的時候，那風景真的很棒。如果天氣好的話，一定不要怕辛苦，好好地走上去看看吧！

CHECK！
很美的搖籃山

Australian Big Things

澳洲 **大** 系列

據說澳洲最早的大系列建築，是建於 1963 年的大蘇格蘭人。漸漸的，澳洲便出現各種大系列，成了一個當地景點或地標。大系列不侷限於動物或植物的外型，幾乎各種東西都有可能成為大系列的一員，最有名的像是大香蕉、大木馬、大龍蝦、大機器人、大鳳梨、大無尾熊、大雨鞋等，目前已有將近一百五十多種，散布在澳洲各地。有大系列的地方，通常會附有餐廳、商店，但也可能純粹是個地標。大系列成為大家環澳時順道參觀的景點，一趟旅程下來，你收集了多少個大系列呢？

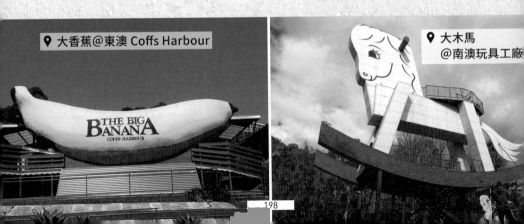

♥ 大香蕉@東澳 Coffs Harbour

THE BIG BANANA
COFFS HARBOUR

♥ 大木馬
@南澳玩具工廠

📍 巨大黃金吉他
@ NSW Tamworth

📍 大龍蝦@南澳的 Kingston ,SA

📍 大油井@蛋白石小鎮 Coober Pedy

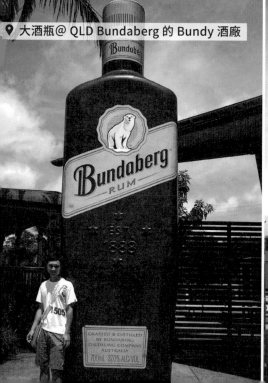

📍 大酒瓶@ QLD Bundaberg 的 Bundy 酒廠

📍 大黃金雨鞋
@全澳雨量最高的 Tully 鎮

03

Gap Year in Australia
生活，
澳洲拍案驚奇

**在澳洲體驗過的背包客們，一定都會遇到一些
令人印象深刻的事情，可能是好事，
也可能是壞事，或是一些稀奇古怪的事情**

Act Three

Life
那不是外星人基地！
是公共廁所！

有時在公園或馬路上會看到不明的不銹鋼建築，湊過去一瞧，竟然是間超大的公廁，如果是在公園就算了，有時還會很尷尬地就在大馬路邊邊，看起來比較像通往外星人實驗基地的電梯，總之它的神祕感太強大了，帶著好奇的冒險精神，我便鼓起勇氣去試了。

媽啊！被全自動的強大廁所綁架 💬

首先，門外有個像按電梯的按鈕，充滿疑惑地按下去後，門就自己打開（真的不是電梯嗎），眼前出現的是比自己房間還大的單人廁所，可怕的是踏入後，門就硬生生地關上，接著開始播出鳥語花香的音樂，邊上廁所時邊還邊想是不是有攝影機在偷拍、待會天花板就出現螢幕然後開始上演奪魂鋸之類的，拼圖娃娃是沒有出現，但內部的設施是全自動化——上完馬桶會自己沖水；衛生紙還要按按鈕才會出現薄薄一張；把手放在洗手檯，看著上面介紹說會自動掉泡沫、沖水、烘乾，但是等了半天還是只有沖水而已。

好像會有外星人走出來呢！

好不容易大功告成，站在門邊要出去時，才發現遇到此生最難懂的通關密碼！原因是按鈕幾乎跟牆面融為一體，很難發現。按鈕上不是使用符號性的標誌而是寫英文，而且不是 Open 和 Close 這麼簡單，按了半天音樂持續唱，門卻死都不打開，就這樣胡亂按了許久準備大喊阿里巴巴開門時，門終於打開了。看著門外行走的路人還會覺得自己好像是剛降落地球的外星人之類的。

另外，你一定會想問，遇到停電怎麼辦？門上說沒電可以自行把門拉開，但我嘗試拉過門，卻不怎麼成功，而我也不想使出蠻力破壞公物。不過，我的朋友都有從裡面活著走出來過，不知道一間公共廁所搞得這麼自動化到底是好是壞，這點澳洲政府真的很強大啊！

這真的不是電梯嗎？

Life
難 忘 的 澳 洲 滑 雪 生 活

Scene 2

在澳洲最難忘的就是雪山生活了，我到現在都還記得第一天滑雪的興奮感覺。滑雪主要的器材分為兩種，雙板 (Ski) 與滑雪板 (Snowboard)，雙板顧名思義就是左右腳各踏一塊板子，總共有兩塊板子，和溜直排輪相似，滑雪板是雙腳同時固定在同一塊板子上，像玩滑板的感覺。

想學滑雪？先把摔倒當飯吃 💬

　　在雪季開始前，我們就很積極的跑二手商店收集滑雪的裝備，像是安全帽、護目鏡、雪衣、雪褲、雪鞋、滑雪板，而且我們聽說剛開始學滑雪很容易摔得全身都是瘀青，所以還多買了防摔褲保護自己的屁屁。

　　一到滑雪場就看到很多人在排隊要坐纜車，看著那長長的纜車不知道要坐到哪裡，就有種很恐怖的感覺。剛好同時看到有三三兩兩的人往上走一小段路，就直接滑下來，好像是初學者的感覺，我們就想說「原來初學者是要用走的呀！」所以就傻傻地跟著一起往上走。走了大概二十公尺後，覺得這是一段適合第一次挑戰的距離，就準備要往下滑了。但我研究了一下還是不懂要怎麼煞車，所以不敢將兩隻腳同時固定在雪板上，而是固定了前腳，就這樣板腳並用、好像在滑滑板一樣的滑下去了，然後用摔倒做一個完美的 Ending。

雙腳踩板，帥氣和難度指數都暴增

　　這樣玩了兩三次之後，我突然發現所有人都是把雙腳固定在雪板上，只有我是單腳固定在滑，所以我就開始挑戰固定雙腳滑，沒想到難度瞬間從一顆星暴增到五顆星，短短的二十公尺可說是用身體滑下去的。不過練習了幾次之後感覺越來越好玩，我也越爬越高，從二十公尺到五十公尺，在最後一次的時候竟然看到了纜車下車的地方。因此決定明天要開始坐纜車啦！第二天搭纜車上山的時候，我們心想「天呀！實在是太輕鬆了，我們昨天為什麼要走路上山把自己搞得這麼累呢？」才這麼想的時候就樂極生悲了，一下纜車馬上就跌倒了，而且為了避免被後面的人給撞到，還得趕快爬起來往前走。不過不用太擔心，如果真的有危險的話，旁邊的服務人員會把纜車停止，以避免意外發生。

從幼幼班雪道進階成天堂路的蛻變史 💬

第三天去滑雪的時候，Tracy 就說我們前兩天滑的雪道是「First Time」等級的，她昨天有和朋友去「Beginner」的雪道探險，覺得很好玩，所以今天要帶我們一起去。我們就這樣被騙上纜車，組隊往更高的地方前進了。抵達的時候，天氣和雪況都非常的不好，風很大而且地上很多地方都結冰了，感覺就好像在滑冰一樣，最慘的是我摔倒的時候尾椎撞到冰塊痛得要死，馬上就決定回去 First Time 的雪道，而且尾椎還痛了兩個星期才好，所以一定要穿防摔褲呀！

再次去 Beginner 雪道的時候，天氣和雪況就好多了，也有比較多人在滑雪。我看著那些滑雪的人，心想「不是吧，這樣的程度還叫 Beginner 唷？每個人都好像可以去比賽了。」雖然心理打擊很大，但是在沒有人教的狀況下，有這麼多活生生可以學習的例子是很好的，可以對照自己從網路上查詢到的資訊，研究要怎麼做才正確。就這樣技術一天一天的進步，Beginner 的雪道對我們來說也駕輕就熟了。Tracy 有一天就問我們「要不要試試 More Difficult 的雪道呀？」天真的我們自以為可以克服一切的困難，就傻傻的跟著去了，第一個感覺就是「這雪道好陡唷，你確定我們可以活著下去！？」就這樣一路滑，一路摔，雖然很痛，但是也很好玩！

滑雪傷害多，安全最重要 💬

　　滑雪的時候，如果能找到人教你，真的會學得很快。一開始我和其他人一起摸索的時候就學得很慢，直到後來請教會滑雪的人才進步比較快。而且循序漸進也很重要。如果是初雪者的程度就盡量在 Beginner 的雪道練習，偶爾再挑戰一下 More Difficult 的雪道。記得我還是初學者的時候，有一次好奇就和朋友到 Most Difficult 的雪道去，結果一整路都在摔，一點樂趣都沒有，所以選擇自己喜歡的雪道，就能享受滑雪的樂趣。

　　還有，學會如何摔倒也很重要。摔倒這麼遜的事為什麼要學呢？因為，滑雪是不可能不摔倒的，都是從一次次的跌倒中學到經驗，然後才學會。而當我們摔倒的時候，很有可能讓自己受傷，我一開始常常扭到手，甚至曾經摔到尾椎，過了兩個星期才好。所以記得要請教別人，或是上網查詢一下如何摔才能保護自己，避免傷害。

　　滑雪最好玩、最刺激的事情就是跳 Box 和跳台了，但也是最危險的部分。我有三個朋友分別傷到脊椎、背部，還有一個摔斷手的，直接就被醫生宣判雪季結束了。我自己則是跳跳台的時候撞到頭、摔到背和扭到腳，還好有戴安全帽，所以頭沒什麼事情，但是這些傷都痛了很久才恢復。所以跳 Box 和跳台的時候不但要注意安全，更要從簡單的開始練習，循序漸進才能讓自己安全的玩完整個雪季。

Life
打工背包客必修的露營生活

Caravan Park 是旅行者的好睡處 💬

在澳洲想要長途旅行時，住宿就變成了一項重要的選擇，因為隨便開車停在路邊睡覺會被罰錢。想要節省經費，或是想體驗露營的感覺，就可以找 Caravan Park。Caravan Park 可供露營車或普通轎車停留，在夜晚時可搭帳篷睡覺，或是住在現有的車屋內，通常一個晚上26～40元不等，並有共用的衛浴設備、廚房、洗衣機等(洗衣機或烘衣機還是會另外加錢，使用一次約三、四元)，不但省錢，還能有一番截然不同的體驗。

而 Caravan Park 多設在荒郊野外，除了要注意衣物保暖外，還要小心野生動物的侵擾喔！夜晚時，園區內實在沒有多少路燈，四周黑壓壓的一片，也不能走去哪裡逛街，看著滿夜星空，嘗試在南半球的夜晚能認出多少星座，早晨則踩踏著充滿露水的草皮，對抗寒冷的空氣跑進衛浴室梳洗繼續今天的旅行。

像變形金剛般的露營車

各種住宿選擇

帳篷

澳洲是個戶外活動盛行的國家，在一般的商場就能找到帳篷、折疊椅、睡袋等相關設備，價格的高低也包含了品質的好壞。澳洲入夜溫差大，因此帳篷厚度也要注意。在台灣較少有露營的經驗，第一次搭帳棚時可能會後悔童軍課沒有好好上。

露營車

露營車就像常在公路電影中看到的，巨大的車體裡擁有各種居家設施，如廚房、衛浴設備、床鋪、桌子等，一般視旅遊人數而選擇露營車的規模。露營車行駛時，大家都要乖乖待在車前的座位上，沒辦法躲在床上睡午覺。一群好朋友租個露營車遊玩絕對是場難忘的旅程，只是……大家一起製造的「水肥」會匯集到水箱內，要自己拿去倒掉。為了避免這尷尬的情形，可以多使用公共廁所，不然就是辦個「大冒險」遊戲，看看獎落誰家了！

車屋

車屋內有基本的設備，如床、桌子、廚房等，但有些車屋則不包含廁所、浴室，不知道是什麼原因，總是能看見許多澳洲伯伯和阿姨長期住在車屋裡，把外頭布置得漂漂亮亮，儼然成了自己的家。不知道這樣的生活是愜意還是不便呢？

小動物最愛營地湊熱鬧 💬

　　雖然我沒有遇到袋鼠或是蛇類出現，但還是遇到了硬待在廁所門口不走的樹蛙，原本以為打開門樹蛙會被壓扁，沒想到樹蛙的身體很柔軟的隨意變形，就算被門劃過還是輕輕鬆鬆恢復原來的樣子，一點都沒有離開的意願。不禁想起之前在農場工作的朋友說，廁所常常都會有樹蛙，而且還會躲在馬桶裡，就算想沖水讓牠離開，牠還是會用強力吸盤緊抓住馬桶不放，害大家上廁所時很怕屁股被樹蛙吸住。

　　另一個出乎我意料的就是被水蛭襲擊了，這種生物會無聲無息貼在別人的皮膚上，想把它從皮膚上弄下還真不容易，無奈身邊沒有隨身攜帶鹽巴，好不容易用蠻力把水蛭弄走，還讓自己流失了幾 CC 的鮮血。

> **❓ 其他應急住宿地方**　　　　　　　　　　　　　　**Know How**
>
> 如果開到荒山小鎮裡找不到半間便宜住宿時，也會去 Hotel 問價錢，有些 Hotel 竟然全程自助式，只要在機器上選好房間數、人數，刷好卡就可以住進去了！另外汽車旅館 Motel 也是普遍的選擇，這些汽車旅館可不像台灣的那麼漂亮雅致，往往就是像電影一樣，老老舊舊，汽車則大方停在自己房間的外面，內部就是簡單的床、冰箱等設施，感覺睡到半夜好像會有殺人魔從隔壁房間出現一般呢！

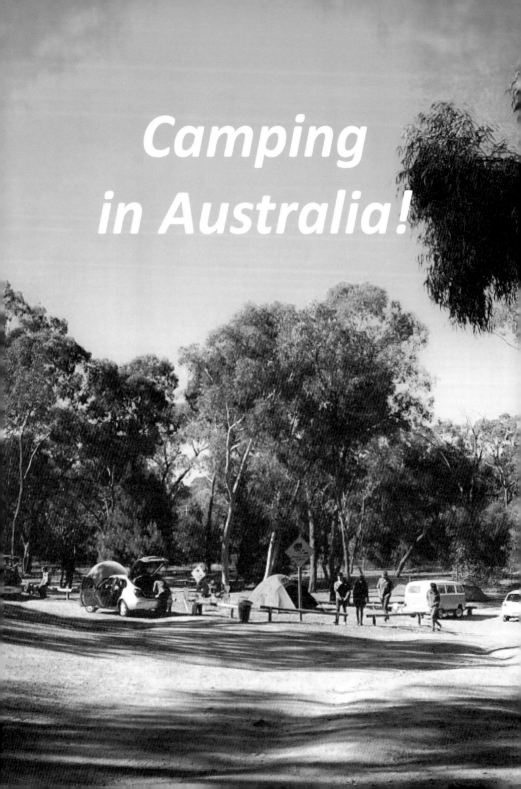

Camping in Australia!

打工客小劇場
還有一種交通工具叫推車
Comic ╱ Vivi

打工客小劇場
一秒變警車
Comic / Vivi

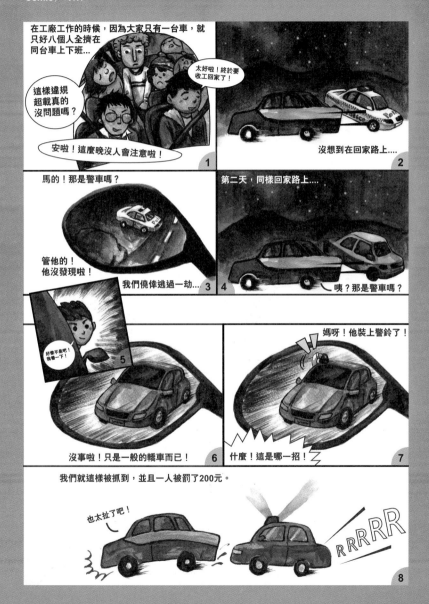

Life
異 地 患 難 考 驗 人 性 ——Troy

Scene 4

在復活節的連續假期中，我和兩個朋友 Cherry 和 Mark 一起開車到拜倫灣 (Byron Bay)，沒想到才出發不久，意外就發生了。在經過一個小鎮的時候，突然感覺到左前輪壓到異物，然後車子就失去控制，雖然我緊緊的抓住方向盤，但是因為輪胎爆胎的關係，車子就偏了 90 度後撞上了旁邊的樹木，接著轉了三圈才停下來。驚嚇之餘，我才意識到——我們發生車禍了，當下就趕快查看 Cherry 和 Mark 的狀況。坐在副駕駛座的 Mark 因為打不開車門，就試著想把門踹開，雖然車門是開了，但是腳也扭傷了。協助 Mark 下車之後，接著去檢查 Cherry 的狀況，Cherry 坐在副駕駛座的後方，感覺她不是非常清醒，而且說全身都在痛。這時候旁邊的幾個居民很好心的過來幫忙，並且幫忙叫了警察和救護車。

在做完筆錄之後，我也坐上救護車，跟著 Cherry 和 Mark 一起被送到了 Coffs Harbour 的醫院，檢查之後，我只有被安全帶勒傷以及輕微的腦震盪，大約晚上八點的時候就被醫生說沒什麼大礙可以出院了。Mark 則是右手粉碎性骨折和一些外傷，必須要等候開刀，後來手術完並且留院觀察幾天後就出院了。Cherry 傷勢比較嚴重，被送進了加護病房，在醫院評估之後，在半夜就被直升機載去了 Newcastle 的醫院，檢查後是腸打結，所以腹腔開了三次刀，過了幾天才恢復清醒的意識。

一萬澳幣與友情的損失 💬

　　因為 Cherry 的傷勢比較嚴重，加上她的姊姊 Sandy 也在澳洲的關係，所以 Sandy 知道消息之後，就趕過來幫忙照顧。不過 Sandy 在澳洲還沒賺到錢，希望我能幫忙分擔一些費用，基於朋友的道義，我也義不容辭的幫她們出了交通費、住宿費以及其他的生活費用，沒想到這竟然是噩夢的開始。當 Mark 知道我幫 Cherry 出了這些費用之後，也希望我能順便分擔他的費用，而且還要照顧他們的生活。在警察的鑑識報告還沒出來之前，他們就認定了我就是造成他們受傷的罪魁禍首，必須要無條件的負擔他們的生活費用，甚至包括後來的回診費用以及回台灣的機票，都是由我買單的，而且 Mark 還買了來回機票。

　　就這樣照顧了他們兩個月之後，他們決定回台灣了，而在他們離開後不久，警察的鑑識報告書終於寄來了，因為有目擊證人加上現場的狀況，結果判定這次車禍是意外，駕駛沒有疏失。我馬上就把報告書傳給 Cherry 和 Mark 以證明我的清白，沒想到他們完全不相信這個結果，還是認為這一切都是我的錯，這場意外讓我損失了一萬澳幣以上，也讓我看清了這脆弱的友誼。

Life
修腳踏車是澳洲生活的基本技能

Scene 5

澳洲路寬，通常馬路上都會有專用的自行車道，但在澳洲騎腳踏車也有相對法令，例如人行道及特定路段不能騎、一定要戴安全帽，晚上要裝有車燈等等。

開始在工廠工作後，每天都要騎半個小時的腳踏車去上班，路途長遠不說，因為是在工業區，身旁常常有變形金剛大小的卡車呼嘯而過。

那段時間，竟然可以每天六點起床，在十幾度的天氣下，穿好保暖衣物，背著背包開始我的上班之旅，寒冷的冬天，靠著騎車暖暖身子，不知不覺就不感到寒冷了。但下雨就是另一場夢魘，有時拿工廠內的塑膠袖套及圍兜遮風避雨，仍常淋得一身濕。工業區的馬路塵土飛揚，車子在旁呼嘯而過，有次一台大卡車毫無預警的往馬路邊靠過來，還好我及時剎車，才沒有被夾得扁扁的。

自立自強的生活，上網找修車方法 💬

在台灣，常看到腳踏車店，腳踏車有問題給店家修就好，但在澳洲，腳踏車店少之又少，輪子還常常爆胎，原本先請房東幫忙，後來乾脆自己 DIY，在大賣場買了輪胎、內胎和補胎的工具，搜尋 Youtube 的影片教學，跟著影片一步步做，沒想到竟然換胎成功了！這種在台灣根本不值得炫耀的小事，在凡事得自立自強的澳洲，卻令人高興不已！

但房東說修腳踏車這種事，在澳洲根本就是種「常識」，而修理、檢查汽車等知識，如果要來澳洲，也建議多學幾樣再來，畢竟澳洲地廣人稀，隨便在一個荒野爆胎或出問題可一點都不有趣，自己懂得修理也可以省下一筆費用。

街頭常有腳踏車停放區

澳洲卡漫時間
沒油顧路
Comic ／ Vivi

澳洲卡漫時間
別再叫我採草莓了！
Comic ／ Vivi

澳洲打工度假，送給自己勇氣的一年

作　　者　Lewis & Vivi
攝　　影　Lewis & Vivi
插　　畫　Vivi

總 編 輯　張芳玲
主責編輯　徐湘琪
封面設計　尤洞豆
美術設計　尤洞豆

國家圖書館出版品預行編目資料

澳洲打工度假，送給自己勇氣的一年／
Lewis，Vivi 作.
-- 初版. -- 臺北市：太雅，2014.09
面；　　公分. --（世界主題之旅；96）
ISBN 978-986-336-052-0（平裝）
1. 旅遊 2. 副業 3. 澳大利亞
771.9　　　103012489

太雅出版社
TEL：(02)2882-0755　　FAX：(02)2882-1500
E-mail：taiya@morningstar.com.tw
郵政信箱：台北市郵政 53-1291 號信箱
太雅網址：www.taiya.morningstar.com.tw
購書網址：www.morningstar.com.tw
讀者專線：(04)2359-5819 分機 230

發 行 所 太雅出版有限公司
　　　　台北市 11167 劍潭路 13 號 2 樓
　　　　行政院新聞局局版台業字第五〇〇四號
印　　刷 上好印刷股份有限公司　TEL：(04)2315-0280
裝　　訂 東宏製本有限公司　TEL：(04)2452-2977

初　　版 西元 2014 年 09 月 01 日
定　　價 290 元
(本書如有破損或缺頁，退換書請寄至：台中工業區 30 路 1 號 太雅出版倉儲部收)
ISBN 978-986-336-052-0
Published by TAIYA Publishing Co.,Ltd.
Printed in Taiwan

這次購買的書名是： （世界主題96）

澳洲打工度假，送給自己勇氣的一年

＊01 姓名：＿＿＿＿＿＿＿＿＿＿　性別：□男　□女　生日：民國＿＿＿年

＊02 市話：＿＿＿＿＿＿＿＿＿＿　手機：＿＿＿＿＿＿＿＿＿＿

＊03 E-Mail：＿＿＿＿＿＿＿＿＿＿＿＿＿＿＿＿＿＿＿＿＿＿

＊04 地址：□□□□□＿＿＿＿＿＿＿＿＿＿＿＿＿＿＿＿

05 你決定購買這本書的主要原因是：(請選出前三項，用1、2、3表示)
　　□正準備去此地　　　　　□計畫去此地　　□信任太雅品牌
□內容清楚實用
　　□價格合理　　□其他＿＿＿＿＿＿＿＿＿＿＿＿＿

06 你的旅行習慣是怎樣的：
　　□跟團　　　□機＋酒自由行　□完全自助　　　□打工度假

07 您通常跟怎樣的旅伴一起旅行：
　　□父母　　　　□另一半　　　□朋友2人行　　□跟團
　　□親子　　　　□自己一個　　□朋友3～5人

08 在旅行過程中最讓你困擾的是：(請選出前三項，用1、2、3表示)
　　□迷路　　　　□住宿　　　　□餐飲　　　　□買伴手禮
　　□行程規畫　　□語言障礙　　□突發意外

09 你認為本書哪些資訊最重要：(請選出前三項，用1、2、3表示)
　　□餐飲　　　　□景點　　　　□住宿　　　　□地圖
　　□行程規畫　　□購物逛街　　□貼心提醒　　□教戰守則
　　□專題　　　　□交通指引

10 你會購買旅遊電子書嗎？
　　□會　　　　　□不會

11 若你有使用過旅遊電子書或是官方網路提供下載之數位資訊，使用心得？
　　□隨身攜帶很方便且實用　　　　□資訊不足或不正確
　　□電子工具螢幕太小，不方便閱讀□其他＿＿＿＿＿＿＿＿＿＿＿

12 計畫旅行前，你通常會購買多少本參考書：＿＿＿＿＿＿＿＿＿本

13 從你開始出國旅行，最先去過的前三個地方是哪裡？
＿＿＿＿＿＿＿＿＿＿＿＿＿＿＿＿＿＿＿＿＿＿＿＿＿＿＿＿＿

14 你最常參考的旅遊網站、或是蒐集資訊的來源是：
＿＿＿＿＿＿＿＿＿＿＿＿＿＿＿＿＿＿＿＿＿＿＿＿＿＿＿＿＿

15 你習慣向哪個旅行社預訂行程、機票、住宿、或其他旅遊相關票券：
＿＿＿＿＿＿＿＿＿＿＿＿＿＿＿＿＿＿＿＿＿＿＿＿＿＿＿＿＿

16 你會建議本書的哪個部分，需要再改進會更好?為什麼?
＿＿＿＿＿＿＿＿＿＿＿＿＿＿＿＿＿＿＿＿＿＿＿＿＿＿＿＿＿

17 你是否已經照著這本書開始操作?使用本書的心得是?有哪些建議?
＿＿＿＿＿＿＿＿＿＿＿＿＿＿＿＿＿＿＿＿＿＿＿＿＿＿＿＿＿

填表日期：＿＿＿＿年＿＿＿＿月＿＿＿＿日

填問卷，抽好書
(限台灣本島)

凡填妥問卷(星號＊者必填)寄回、或傳真回覆問卷的讀者，將能收到最新出版的電子報訊息!並有機會獲得太雅的精選套書!每雙數月抽出10名幸運讀者，得獎名單將於該月10號公布於太雅部落格。太雅出版社有權利變更獎品內容，若贈書消息有改變，請依部落格公布為主。活動時間為2014/07/01～2014/12/31

好書三選一，請勾選

□ **放眼設計系列**
(共9本，隨機選3本)

□ **吸血鬼日記1、2**

□ **優雅女人穿搭聖經**
(共2本)

太雅部落格
taiya.morningstar.com.tw

廣　告　回　信	
台灣北區郵政管理局登記證	
北 台 字 第 1 2 8 9 6 號	
免　貼　郵　票	

太雅出版社　編輯部收

台北郵政53-1291號信箱
電話：(02)2836-0755
傳真：(02)2831-8057
（若用傳真回覆，請先放大影印再傳真，謝謝！）

（請沿此虛線壓摺）

太雅

太雅部落格　http://taiya.morningstar.com.tw

有 行 動 力 的 旅 行 ， 從 太 雅 出 版 社 開 始

（請沿此虛線裁剪）